全彩图解科学健身系列

Lamar Lowery / Chris Lowery

功能性健身

FUNCTIONAL FITNESS
At Home

〔美〕拉马尔·洛沃瑞
克里斯·洛沃瑞 编著
李 哲 主审
崔 静 译

天津出版传媒集团
天津科技翻译出版有限公司

著作权合同登记号：图字：02-2019-200

图书在版编目(CIP)数据

功能性健身 / (美)拉马尔·洛沃瑞
(Lamar Lowery),(美)克里斯·洛沃瑞
(Chris Lowery)编著；崔静译. —天津：天津科技翻
译出版有限公司，2022.10
(全彩图解科学健身系列)
书名原文：Functional Fitness at Home
ISBN 978-7-5433-4178-4

Ⅰ. ①功… Ⅱ. ①拉… ②克… ③崔… Ⅲ. ①健身运
动 Ⅳ. ①G883

中国版本图书馆 CIP 数据核字(2021)第 251629 号

授权单位：Meyer & Meyer Sport(UK)Ltd.
出　　版：天津科技翻译出版有限公司
出 版 人：刘子媛
地　　址：天津市南开区白堤路 244 号
邮政编码：300192
电　　话：(022)87894896
传　　真：(022)87893237
网　　址：www.tsttpc.com
印　　刷：天津新华印务有限公司
发　　行：全国新华书店
版本记录：710mm×1000mm　16 开本　11 印张　150 千字
2022 年 10 月第 1 版　2022 年 10 月第 1 次印刷
定价：59.80 元

(如发现印装问题，可与出版社调换)

中文版前言

很可能你活着并不是为了锻炼。对于许多人来说,锻炼是保持或改善生活质量的一种方式,其实这就是功能性健身的重点。

从健身细化到功能性领域,其实并不是什么新鲜的事情。功能性健身是一种训练的分类，可以让身体为现实生活中的运动和活动做好准备。它也称为功能性训练或功能性运动。

从前,功能性健身基本上是人类唯一的健身方式。古代人类狩猎和采集食物,如果他们跑得不够快,无法捕捉到猎物,或者不够强壮,无法使用武器,那么他们根本就活不下去。所谓“适者生存”,就是人类能够进化数千年的方式。我们的身体适应了我们的环境及我们生存所需的一切。通过功能性健身训练,人们可以按照设计使用的方式来训练自己的身体。

我们今天所知道的功能性健身,或者说“现代功能性健身”,是在以康复和治疗为基础的过程中发展起来的。

在现代人的日常活动中出现功能性障碍已然常见，我们一直倡导给予“医学上的正常人、生活中的病人”一套更适合居家的自我功能训练方案。

功能性健身锻炼的目的是训练和强大人体的肌肉，使它们更容易和更安全地执行日常活动。功能性健身锻炼，是训练肌肉协同工作,并通过模拟在家里、工作中或运动中的常见动作,为日常工作做准备。功能性健身运动也强调核心稳定性。

功能性训练倾向于使用多个关节和多块肌肉。例如,功能性训练可能涉及肘部、肩部、脊柱、臀部、膝部和足踝,而不仅仅是移动肘部。

这种类型的训练,如果运用得当,可以使日常活动变得更加容易,有助于减少受伤的风险,提高人们的生活质量。

作为老年人综合项目的一部分,功能性运动训练可能特别有益于提高平衡能力、敏捷性和肌肉力量,并减少摔倒的风险。

这本书恰恰就是一本难得的居家自我训练的轻量级锻炼书,安全可靠,如果能系统地应用本书的方法,我相信生活会更加充满魅力。

广东医科大学功能康复及护理培训中心

致谢

感谢我的儿子克里斯参与到我们的第一本书。他正在学习如何成为一个专业的健身教练且进步越来越大，但他仍需要更多的努力。祝他一切顺利。谢谢你，克里斯·洛沃瑞！

同时也要感谢菲尔马·阿茨特，这是与他合作的第三本书，这是一次伟大的际遇。感谢路德维格·阿茨特。

非常感谢“迈耶和迈耶体育”提供的协作及未来的商业合作规划。感谢马丁·迈耶。

——拉马尔·洛沃瑞

本书说明

为了便于行文,书中全部使用的是男性称呼。本书的读者对象当然也包括女性。

本书前期已经做了充分的准备工作，但难免会有信息遗漏或不足之处。本书编写团队和出版商均不对由于书中信息造成的任何不利或损害承担责任。

目 录

第 1 章 简介——拉马尔·洛沃瑞是谁

当你看到我，拉马尔·洛沃瑞时，你会不由自主地想到一个栩栩如生的动作人物。作为一名身高 6 英尺 5 英寸(约为 1.95m)的美国模特运动员，我拥有德美双重国籍，经常往返于不同城市之间。我是一名私人教练。

38 年来，我一直在使用以功能性健身为核心的创新训练方法训练运动员、管理人员和其他人群。我从一开始就相信，在培训、策略和研究领域，结构化的方法(确切地说，是德国式的思维方式)、决心和定期的再教育(或者说资讯)可以在健康和保健方面产生巨大的效果。在我自己的训练中，我一直坚持这个原则。

履历

- 本尼迪克特学院 1984—1988 年/体育科学学士
- 就读于哥伦比亚大学大专/中部
- 获技术学院/体育奖学金
- 1986—1989 年南卡罗来纳哥伦比亚莱克星顿县精神健康医院南卡罗来纳院区工作
- 担任心理健康专家，男性护理助理
- 1989—1994 年在美国陆军服役
- 担任陆军健身专家

- 导师及硕士导师
- 开设国际健身学院/运动科学基金会课程
- 开设体能测试专家课程
- 开设功能训练专业课程
- 开设营养教育与体重管理专业课程
- 开设特殊人群康复后专业课程
- 开设力量与调理专业课程
- 开设私人教练培训课程(CPTS)
- 开设筋膜训练 1 级课程
- 开设筋膜训练 2 级课程
- 开设功能性筋膜进修课,2016
- 举办筋膜研究夏令营,2016

培训

- 1995—2000 年参加世界体育西区德国韦茨拉尔培训
- 参加德国法兰克福马里蒂姆酒店培训
- 参加德国法兰克福希尔顿酒店培训

私人教练

- 2000—2003 年兼职教练
- 2003—2005 年创办佛罗里达棕榈滩个人培训公司
- 创办 HARMONY 训练中心(合作)
- 2005—2007 年在德国韦茨拉尔培训有限公司做销售代表
- 2007 年成立拉马尔功能性训练学院

我一直梦想拥有自己的训练设施。15 年来，我在德国一直是一名成功的私人教练，与大公司的领导人以及许多名人合作过，并且为行业期刊撰稿。9 年前，我创办了拉马尔功能训练学院。我的功能培训还包括针对不同客户的个性化练习，例如在德国，有非常忙碌的法兰克福高级管理人员，以及来自吉恩的成功商人，或是想改善“高尔夫障碍”的退休人士。

于我而言，作为一名健康专家，良好的教育、独到的眼光、丰富的客户资源和培训师经验是成功的基础条件。多亏了这些基础条件，我也能帮助那些在手术或受伤后恢复的人消除疼痛。我针对许多背部疼痛的人开展了特定的训练，他们在训练后感觉又恢复了健康，而且疼痛获得了缓解。我坚信，有针对性的功能训练才是日常生活中最好的训练。

功能性健身理念

“保持健康是一种责任，但几乎没有几个人认识和自觉到这个责任是对身体和生命的一种道德行为。”

虽然这种说法在今天仍然适用，而且似乎是由当代的健康传播者写的，但事实并非如此。这种理念是由两千多年前一位名叫希波克拉底的希腊医生提出的，他是医学之父。显然,这位历史人物对健康的重视程度,超出了医生对其职业承诺之外的道德义务的设想,这一理念被后人归纳为"希波克拉底誓言"。

什么是对身体和生命的一种道德行为? 它与我们目前的价值观有什么关系?它应该成为我们生活的一部分吗?如果是这样的话,提升健康教育能够对这一领域的行为改变产生影响吗?这些问题的答案为我们了解当前的健康问题及其解决方案提供了参考。

希波克拉底所说的身体道德,指的是个人对自己的健康负有道德责任。那些未能尽其所能保持健康的人正在缺少他们作为公民的责任,因此,他们有不道德的行为。对于普通的美国人来说,这无疑是一个苛刻的要求,我们珍惜自己的自由权利,甚至可能忽视我们健康的自由。很多人可能会说,选择不健康也是我们不可剥夺的权利之一。但真的是这样吗?

一旦我们忽视健康,就可能给社会带来巨大的负担。这一点在美国最为明显,美国的医疗保健费用飙升了约5000亿美元,占国民生产总值的11%。由于这一天文数字的开支,美国人目前对医疗保险和医疗补助制度稳定性产生了质疑。

由于我们无法通过将体育活动和健康饮食纳入我们的生活方式来适应自动化时代,所以许多美国人在晚年遭受着过度退化和疾病。作为国民,我们正陷入技术成功的陷阱。省力的机器不仅给予了我们更多的闲暇时间,而且还带来了久坐不动的生活方式。人类的身体原本可以适应艰苦的体力劳动,但由于缺乏劳动,身体变得臃肿,甚至患病。在这片富饶的土地上,艰难时期产生的动力已经让位于懒惰。丰富的食物使每一天都成为一个节日,美国成为世界上肥胖人口最多的国家。即使凭借现代医学所取得的各项成就,人们在预防心脏病、脑卒中和因饮食过于丰富,以及生活方式缺乏体育活动而导致的衰老方面,仍缺乏行之有效的策略。现代科技或许能让人们活得更长,但只有健康的生活方式才能确保人们的精力更加充沛,既不会疲惫不堪,也不会总需要去医院。

由于这种自我忽视和医疗费用的增加,医疗保险费已飙升到惊人的水平。不幸的是,迄今为止,保险公司并没有真正将那些重视自己的健康和不重视自己健康的人区分开。因此,很少提出索赔的健康人与经常使用医疗保健系统的不健康人群支付着相似的费用。

许多人以自己的健康为荣,尊重自己的身体,他们对那些吸烟、暴饮暴食、过度饮酒、吸毒、不锻炼,以及通常自我毁灭的人非常反感。是的,我们应该这样做,因为不健康的人是造成医疗费用过高的主要原因,而医疗成本却必须由大家共同承担。

正如希波克拉底所言，也许每个人都应该认识到健康是一种道德行为。或者更确切地说，每个人都应该在自己的价值体系中对健康做出哲学上的承诺。或许这是一种责任，一种每个社会成员都应该承担的责任；因为如果一个人不能量力而行，那么他就给其他人带来了负担，这是不公平的。换句话说，当一个人忽视他的健康时，他不仅忽视了他的个人幸福，而且忽视了他的家庭、朋友、雇主和国家的幸福。

如果促进健康教育是为了促进建立一个基础广泛的健康价值体系，在这个体系中我们避免成为他人的负担，那么我们就必须确立一个有效的健康定义。由于每个人对健康的定义不尽相同，因此应该有一个全面的概念，允许一定程度的自由，但要确保健康习惯有益于社会，而不是有害于社会。

不幸的是，大多数人对健康的理解仍然是没有疾病。尽管所谓的健身潮流已经席卷美国，但大多数人对任何真正的健康概念都只是口头说说而已。我们说，没有什么比健康更重要；然而，实际上，没有什么比我们的健康和幸福更重要。一般来说，只有当我们的健康受到威胁时，我们才会关心自己的身体。我们强调疾病而不是最佳健康，这是一个悲剧；我们关心的是不死亡而不是真正活着；我们未能接受生命最大潜能的挑战。

然而，今天有一些人正在重新定义健康，因为他们开始从更广泛的角度看待这个概念。对这些人来说，健康不再仅仅是没有疾病，而是通过活力、生产力和幸福感来证明的健康生活方式。事实上，这一积极的观点已经写入《世界卫生组织宣言》，其中写道："健康不仅仅是没有疾病，不体弱，而是一种躯体、心理和社会功能均臻良好的状态"。

这一新的健康定义正通过一些不同的名称慢慢进入美国人的心中，而这些名称目前正受到越来越多的关注。全民健身、整体健康、增进健康和改变生活方式是描述健康概念的较为常用的一些术语。也许最具描述性的术语是"健康"，它正慢慢地被大众所接受。

解决我们健康问题的方案不仅是要认识到生活富裕的危险，更重要的是，还要重新定义美好的生活，确认我们能够健美和健康。为了改善国民的健康状况，必须唤醒公众对其目前不健康的生活方式的认识，然后承诺拒绝让这种生活方式继续下去。我们每一个人，通过学习了解我们的生活质量与物质数量是同等重要的，从而重新考虑我们的目标。

DOLLAMUR
Lamar

第 2 章 功能性训练

功能性训练并不是一件新鲜事,我们已与之相伴多年。不过,在当今的健身领域,它可能是被滥用的术语之一。单是在网上搜索“功能性训练”一词便有 23 600 000 个结果。

在健身行业中,市场潮流的钟摆有时会严重地偏向某个方向。而当下,这个钟摆正偏向功能训练方向。曾有一段时间,许多教练都喜欢用一种我称为“太阳马戏团”的训练法。依照这种训练理念,任何一种复杂程度低于单腿站立在稳定球上做单臂哑铃推肩的练习方式都是不具功能性且不适用于日常生活的。这一理念主要存在两个问题:一是在日常生活中,以单脚站在不稳定界面上进行单臂负重推肩的方式进行训练的可行性很低;二是在练习中,我们越是增加不稳定性,我们所能承受的负重就越少。

这种训练让我们的中枢神经系统承载了更多的负荷,却不能让肌肉系统承受更多负荷,因此无法产生必要的训练反射。这是一个很好的例子,说明本该具有价值的东西被过度使用了。而这种极端理论所带来的后果便是,市场趋势的钟摆摆向了相反的方向。人们很快便以消极的态度对待稳定球和平衡板在训练中的使用,甚至一些训练师和理疗师把上述器械所能提供的有用的训练辅助措施完全剔除了。

人们开始相信,优秀的训练方式只有一种,其余一切不符合这套理论的方式都是无意义的。而事实上,训练本就应该有许多不同的且有效的方式。任何一种能够帮助我们达到目的、解决问题的方式都应该被采用。何为我们所说的“功能性健身”?这是一种能力,一种通过动作模式来提升(身体的)日常功能的能力。这些动作模式是人们每天都会用到的,简单有效,却又不受安全框架和错误根基的影响。

我们在工作及休闲时往往习惯做单侧动作，这常常使得我们身体的另一侧缺乏运动，随之而来的还有不良体态、健康状况下降，以至于生活品质也随之下降。因此，运动行业的趋势是“回归本质”，远离极端的练习和过分夸大的减肥，回到平衡的练习方式上，这种平衡的练习方式所追求的是，提高健康水平和预防疾病。

我们的功能性训练借鉴了经过实践检验的训练方法，并将之融合为一种更有效的方式。它采纳了身体的自然活动，即动作与功能，并反复练习日常生活中的动作模式，使身体、心理和社会功能三者达到平衡，并将这种平衡状态长久保持下去。

功能性训练的目的就是要“唤醒”身体，赋予它生活中的灵活度。实现这个目标的方法主要包括：

- 完善所有肌肉与关节的针对性动作；
- 激活脊柱的针对性动作；
- 激活整体神经系统；
- 激活本体肌肉神经感受；
- 激活肌肉系统。

我们的功能性训练中所涉及的练习可以使人强健，更有力量。这些练习基于不同训练原理。本书根据我个人多年的国际健身培训经验，以及我与许多美国私人培训师的交流经验编写而成，因此它是独一无二的。本书会带领大家深入了解我的功能性健身训练。

2.1 定义

“功能性训练”是一个来自美国、有着古老根源的革命性训练方式。它可以被标注为运动圈里“最新的促销语”或者“流行语”。同时，这种形式的训练内容也是一个热议话题。而定义“功能性训练”的最好方式就是走近它，追根溯源地去了解每一个单词的含义。

“功能”可以定义为，为使人具有某种特定的能力或者做成某件事情而产生的动作，即功能有一个特定的目的。而另一方面，“训练”意味着一个复杂的过程，它通过刺激来提升变化的进程。你可以说功能性训练是为了达到改变、改善，获得幸福感,是有目的的训练,即“功能性训练是有意义的训练”。因此,我们可以训练一个石匠,使得他可以极有效率地完成搬重物、弯曲及对角线式伸展等动作;同样,我们也能让一个需要腿部力量及协调性的老妇人爬上她位于三楼的公寓;还可以满足精英球员对于速度、力量、耐力、反应力及控球协调性的需求。

人体是一门极其复杂的艺术。身体各系统之间不间断地相互作用,以及其自身运作促成了那些界定我们生命的功能的发生。人体是长期进化的产物,它为了适应当下的环境而进行适当调节。因此,我们必须为功能性训练留出个性化空间,即一名私人教练可以满足客户要求、达到最理想效果的空间。

综上所述,功能性训练具有以下特点:

- 每天练习,且有特定的练习内容;
- 个性化且具体;
- 多功能,种类多样化;
- 循序渐进。

有了以上特征,功能性训练还应遵循 5 条全球化准则:

1. 整体化,非单个——训练包含的是动作序列,即训练对象并非单独的肌肉,而是肌肉链,就像日常生活中所用到的肌肉链一样。

2. 多维度——根据日常生活的动作模式来训练,包含日常生活中的各种任务、工作、运动等,这些动作模式需要在不同平面上使用多处关节。

3. 训练质量重于训练数量。

4. 用身体自身的“稳定器”,尤其是核心稳定力,这些自身“稳定器”比外部稳定器(如椅子、凳子)重要得多。

5. 处理可纠正的(身体)代偿及失衡。

在以上准则中,身体的觉知力和协调性是重点。训练中同样需要重点关注肌肉、关节,以及那些对于良好生活质量和预防运动伤害有着重要作用,却又在一些训练中鲜少被关注的区域。

正在做功能性训练的拉马尔。

2.2 完整训练背后的理念——功能性健身的基础

要理解完整的训练，我们必须检查在日常生活中主控我们身体功能的三大主要系统：中枢神经系统、神经系统及肌肉系统。此外，还有一个需要纳入的系统是骨骼系统。

这几大系统形成了一种共生现象。这种“共生”现象，在科技领域有一个类似的例子，即汽车。它是一个离了其中一个部件，另一个部件也无法工作的物体。例如，引擎的启动离不开燃油和点火系统，点火系统的启动离不开电力，而冷却系统亦同样重要；然后便有了传动，从底盘到轮子再到轮胎。而对于车身和车窗，它们使一辆车更像是一辆“汽车”，如同所有内部零件一样，离了我们前文所提到的那些部件的话，它们依旧是毫无意义的。如果我们拿走所有的“工艺”以及与之相应的“连接”，那么我们将只剩下一个“裸体”——车架子。因此，我们必须理解每一个系统的重要性，因为若任何一个系统不能正常做功，整体就会出现问题。

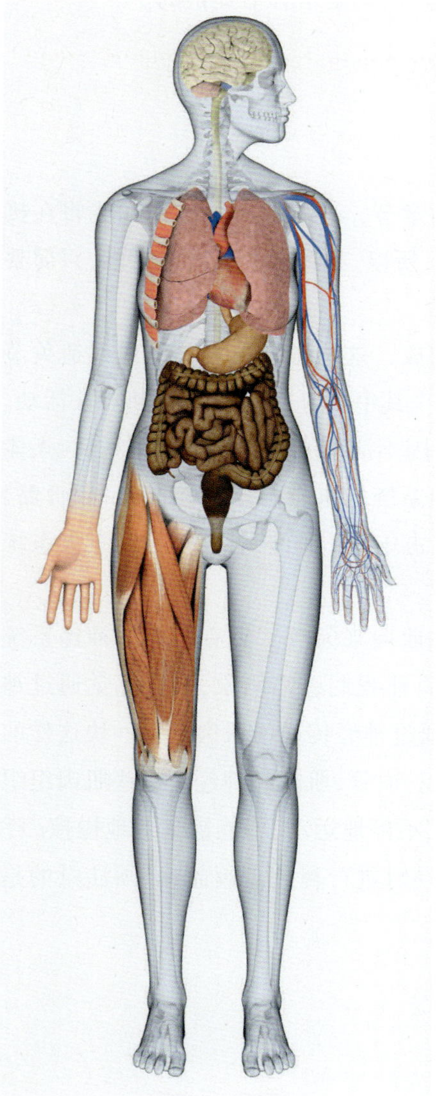

人体三大中央系统：中枢神经系统、神经系统和肌肉系统。

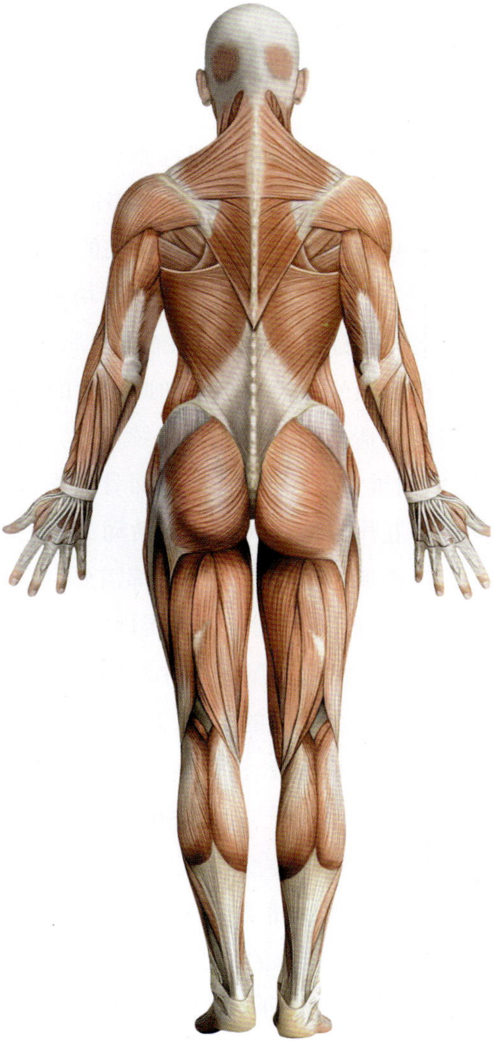

人体肌肉系统图。

为了保证这种相互作用的完整性，人体的各个器官必须直接地或间接地关联起来,就像汽车里的线路和各零部件一样。骨架给身体提供支撑,形成身体的轮廓,让这些连接具有可行性。几乎所有的器官都与其他器官相关联,同时,它们受到关节和骨骼所形成的框架的保护,这个框架亦是一个由复杂的筋膜网络所形成的。很多重要的物质,诸如运送氧气的红细胞及矿物盐等,均是由骨骼提供的。

2.3 肌肉系统

在解剖学中单独的肌肉系统是一个更大的章节，这些肌肉系统的功能将在接下来的内容中呈现。但由于本书的重点是训练,所以,我会参考现有的文献,只简要论述那些重要的与实际练习相关的内容。

一个成年人的骨架约由 206 块单体骨骼构成，这些骨骼由真关节或人造关节相连接。我们的身体大约由 605 块肌肉构成,缺少其中任何一块,身体都将无法活动。

在聪明的人类系统中如此大量的肌肉不会因不活动或休息而强壮。相反,人体基因的构造是为了运动和持续负重。人体肌肉系统的重量要比骨性框架(如骨骼)重:肌肉重量占体重的 40%,而骨骼系统重量仅占 14%。肌肉、骨骼与神经三大系统间的相互作用使得人类能够活动。

我们所有的动作与姿势都需要一定数量的肌肉来完成。只有肌肉与神经系统和大脑共同工作,动作才能得以实现。感知器官让我们感知刺激,然后感觉通过神经传递给大脑。大脑反应并发出相应的指令,通过神经传递给肌肉。每一块这样的肌肉都是一个独立的个体,其中包含骨骼肌组织、血管、肌腱和神经。这些肌肉组织同样也存在于心脏、消化器官及血管之中。它们不停地运动,不能被刻意地操控。呼吸肌就是一个例子,我们不能刻意地让它在启动时进行释放。因此,必须注意的是肌肉组织有 3 种类型:

- 内脏肌或非自主肌(平滑肌);
- 心肌(特殊的条纹状肌肉);
- 骨骼肌或自主肌(条纹状)。

内脏肌

存在于内脏器官中,如腹部、结肠和血管。这是最弱的一种肌肉组织,它主要是为了让脏器收缩以传送物质。由于内脏肌不能被刻意地控制，故又称为“非自主肌”。由于它表面平滑，即使在显微镜下，它也是平滑的，故又叫作“平滑肌”。相比之下，心肌和骨骼肌都是有水平条纹的。

心肌

心肌的作用是使血液能够运送到全身各部位。它不能被刻意地控制，所以是非自主肌。它能自主收缩，收缩频率由大脑信号和荷尔蒙(激素)决定。心脏的“自然起搏器”是心肌组织，它带动其他的心脏肌肉细胞，并促使它们收缩。由于它的自主活动性，心脏肌肉的功能被认为是具有自发节律性的，即心脏的活动规律是固有的、与生俱来的。

心肌细胞呈带状，在显微镜下，它们是或深或浅的条状物。这些或深或浅的条状物源自细胞内蛋白纤维的排列顺序。与内脏肌相反，水平条状排列的肌肉细胞是十分强壮有力的。

骨骼肌

骨骼肌是唯一的自主肌，它能够被刻意地控制。每一个由人类有意识地呈现的生理动作都离不开骨骼肌，如说话、走路和书写。每一次的肌肉收缩都能带动身体朝与之相连的骨骼靠近。大部分的骨骼肌都是横跨某一关节、连接两块骨骼的，这样肌肉就能带动这两块骨骼所在的身体部分相互靠近。

大量小的前体细胞汇集在一起形成了长而直的多核纤维，多核纤维聚集形成了骨骼肌细胞。与心肌相似，骨骼肌也呈水平的带状分布，非常强壮有力。之所以称为“骨骼肌”，是源于这些肌肉至少与骨骼的一处相连。

与训练相关的重点是什么？

当我们深入研究解剖学中的肌肉系统时，很快便会发现，很多肌肉都是明显呈斜线状或水平状的。大部分(超过 87.5%)的躯干肌肉(坐骨底部至胸骨上端)是呈斜线状或水平状走行的，它们的主要功能便是活动。表 2–1 显示，身体的构形是为了旋转动作而存在的。大部分躯干肌被分成了垂直状肌肉与非垂直状肌肉两种类型，垂直肌没有斜向运动或旋转运动，非垂直肌有斜向、水平及旋转运动。我们常以肌肉的大小，以及它们参与扭转或辅助扭转动作时所呈现的角度，来区分各块肌肉。以这种分类方式，一些腿部肌肉也被认为是躯干肌肉，因为它们连接着盆底，当身体在地面时它们会帮助身体转动。

由表 2–1 可以发现,身体的主要功能就是旋转。尽管目前标准的训练内容中,几乎很少涉及旋转,甚至就没有考虑过旋转。

表 2–1 躯干肌肉的功能与位置

肌肉	非垂直	垂直
背面(背部)		
斜方肌	X	
菱形肌	X	
背阔肌	X	
竖脊肌		X
腰方肌	X	
臀大肌	X	
臀中肌	X	
臀小肌	X	
阔筋膜张肌		X
髋旋肌(群)	X(6x)	
正面(腹部)		
胸大肌	X	
胸小肌	X	
前锯肌	X	
腹外斜肌	X	
腹内斜肌	X	
腹直肌		X
腹横肌	X	
腰肌	X	
髂肌	X	
缝匠肌	X	
股直肌		X
内收肌(群)	X(4x)	
耻骨肌	X	
股薄肌	X	
总数	28 对=56 块	4 对=8 块
	旋转肌所占比例=87.5%	

螺旋式的走行是运动系统中的一个普遍现象。我们的身体亦是建立在相同的功能性原则之上的。因此,所有训练都应把旋转作为一个重要内容。

训练中的难点包括:

1. 动作/体式;
2. 协调性;
3. 平衡;
4. 生物力线;
5. 速度;
6. 强度元素;
7. 灵活性;
8. 耐力。

2.4　骨骼系统

骨骼系统是赋予身体以生命的两大系统之一。与生命器官相比,骨骼具有坚固、强有力的特性,同时它还拥有血液、淋巴通道,如同神经一样。骨骼由两种不同的组织构成。

- 致密骨组织:结实坚固,它构成了大多数骨骼的外层,也构成了长骨的骨鞘部分,这个结构在手臂和腿部的骨骼中较常见。此结构中有神经和血管。
- 海绵状骨组织:它包含了骨小梁,在小梁的薄板之间储存有红骨髓。海绵状骨组织存在于长骨的骨端(如股骨头)及其他骨骼之中。

发育正常的人体共有 206 块骨头,其中近半数的骨头位于手、足、关节或骨头与骨头之间相连接的间隙处,它们能保持身体稳定,为内脏器官提供保护。我们按照关节活动范围的大小将关节分为纤维性关节、骨性关节、少动关节及不动关节。

许多关节是可以同时在三个平面上活动的(表 2-2)。例如,一个关节可以在同一时间做屈曲、内收(靠近身体的动作)加内旋的动作。即使是踝关节复合体中的小关节,也能做一些我们甚至都不知道的动作。表 2-2 将会帮助我们更好地理解这些功能性动作。

表 2–2 关节面的动作

矢状面/垂直的前后运动	
关节	动作
髋关节	屈、伸
膝关节	屈、伸
踝关节	趾屈、背屈
下踝关节	趾屈、背屈
跗中关节	趾屈、背屈
额状面/前额面的左右运动	
关节	动作
髋关节	外展、内收
膝关节	外展、内收
踝关节	–
下踝(距下)关节	内翻、外翻
跗中关节	内翻、外翻
水平面/横切面上的旋转运动	
关节	动作
髋关节	内旋、外旋
膝关节	–
踝关节	–
下踝(距下)关节	–
跗中关节	–

内旋			
关节	矢状面	额状面	水平面
髋关节	屈	内收	内旋
膝关节	屈	外展	内旋
踝关节	背/趾屈	–	内收/外展
下踝关节	–	外翻	内收
跗中关节	背屈	内翻	外展

（待续）

表 2-2(续)

内旋 关节	矢状面	额状面	水平面
髋关节	伸	外展	外旋
膝关节	伸	内收	外旋
踝关节	背屈	–	内收/外展
下踝关节	–	–	内收
跗中关节	趾屈	–	内收

与训练相关的重点是什么?

由于生理构造原因,关节是人体的薄弱点。因此,关节的稳定度、活动度以及肌肉对关节的控制力都应是训练所要考虑的。而关节肌具有良好的神经肌肉控制,就像形成了一面保护墙,既可降低伤害,也可防止伤害的发生。

2.5　中枢神经系统

中枢神经系统是由大脑、脊髓和一个复合的神经网络构成的。它负责传递、接受及处理来自身体各部位的信息。神经系统监控内脏各器官的功能并与之协作,对外界变化做出反应。神经系统可分为两大部分:中枢神经系统与周围神经系统。

中枢神经系统(CNS)是神经系统的处理中心。它接收来自周围神经系统的信息,也传递信息给周围神经系统。CNS 的两大主要器官是大脑和脊髓。大脑翻译、加工由脊髓传递来的感觉信息。

2.6　周围神经系统

周围神经系统是个复杂的神经网络,它将信息传递到大脑和脊髓,同时也将来自大脑和脊髓的信息传递到身体其他部位。周围神经系统由躯干神经系统和自主神经(植物神经)系统组成。神经肌肉的控制对于动作质量有着至关重要的影响。

与训练相关的重点是什么?

任何阻断都会导致动作的执行效率低下或不正确。长此以往,这些阻断便会造成动作限制,甚至导致损伤。这种情况通常可以通过感觉运动训练来预防。

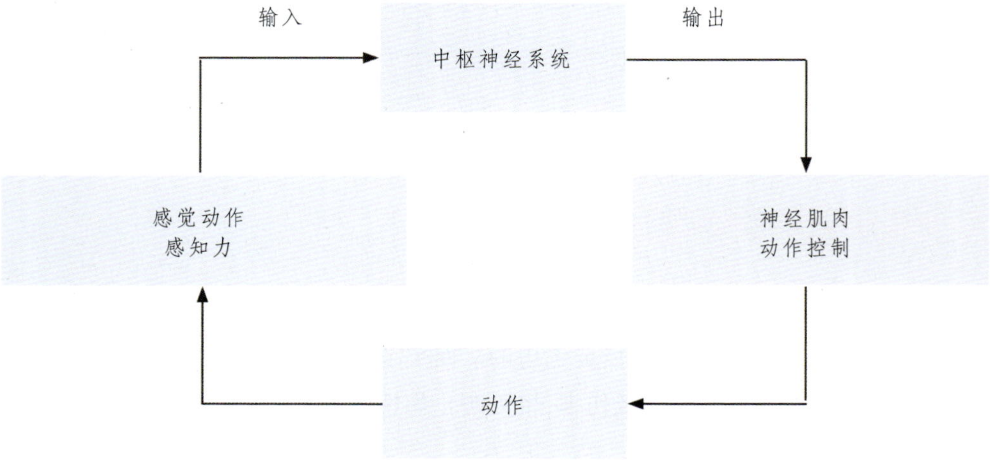

感觉运动环路示意图,依据 Bruhn 和 Gollhofer 于 2001 年出版的文献第 66 页。

2.7 功能性健身的作用

尽管我们已经讨论了功能性训练，但它是否是通往健康的一条途径还有待商榷，或者说它是否是一种值得长期投入训练的形式，变成训练的一部分还有待商榷。作为一个从业 14 年的训练师,我相信,将功能性训练纳入现有的训练体系,是迈向健康的最重要步骤之一。任何一个不把功能性训练作为健康因素考虑,就认为能够成功的人,一定是错误的。身体训练不仅影响肌肉,它还影响健康和运动能力。耐力、适当的力量再加上柔韧度是身体运动功能的基石。在传统的举重练习中,训练重点通常为肌肉练习,然而功能性训练可调动更多身体部位的参与,甚至启动肌肉链。

我个人认为，与健康相关的最行之有效的针对性功能性训练应包括：

- 增强(内部)力量；
- 耐力；
- 通过柔韧性(灵活度)来提高和优化基本的稳定性；
- 提高生活质量与平衡力；
- 增强身体的感知力。

这些训练可提高运动能力，缓解压力，它们是我们所有人愿意将之归入生活有益面的重要"积木"。功能性训练使肌肉、筋膜及关节更加健康和稳定。就像我们每天刷牙将牙齿里的残渣去除一样，通过每天做相同的动作，功能性训练可将身体里的"锈迹"去除。

功能性训练可以让肌肉在不同平面、不同角度做动作，还可以把固有肌也作为稳定的目标来训练。而健身器械训练是一成不变的，身体只能在固定的角度、固定的平面去做动作。此外，上半身与下半身通常还是分开训练的，这样的练习并没有把躯干作为一个稳定点去考虑。多平面的练习更复杂，也更能复制我们日常生活中的动作。

把功能性训练融入健身训练的一个简单方法便是记录日常一天的身体动作，就像你可能会面临的身体层面的挑战一样。你是否想过，每当一天的工作结束时，你的双腿与背部的疼痛，是因为你长时间连续地整理文件夹，并把它们搬到桌上或放到架子上吗？于是这便有了你需要训练的第一个身体部位。例如，使用多关节和肌肉链的功能性动作包括：

- 多角度弓箭步；
- 站立位哑铃弯举；
- 负重仰卧起坐。

多角度弓箭步可帮助身体为日常生活的各种活动做好准备，如吸尘和园艺工作。多角度弓箭步不仅仅是做向前的跨步，它还应向不同方向跨步。与此同时，它还要求以身体自重作为物理负荷来启动练习。当练习级别提高时，还可增加负重与对抗训练。

功能性训练的益处

功能性训练的益处包括:

- 增强肌肉力量;
- 提高肌肉耐力;
- 加强肌肉修复;
- 降低损伤风险;
- 提高速度;
- 降低疾病和骨质疏松症的风险;
- 增加肌肉含量;
- 减重;
- 人的感觉更好。

如何获得功能性训练的益处?

唯一完全功能性活动就是你为之练习的实际活动。你必须通过训练才能提高神经系统与肌肉系统的协同作用。功能性训练的主要目标是,将某一动作训练中获得的力量进行转移以增强另一动作训练的效应方式,从而影响整个神经肌肉系统。

为了提高转移效应,训练具体动作就如训练参与该动作的肌肉一样重要。最高级别的转移效应是将力量转移至与实际的协调动作、肌肉收缩种类、动作速度和活动范围极为相似的动作训练之中。

优化表现力的训练包括:最佳强度、力量表现及最佳的稳定性,尤其是核心稳定性。

功能性核心训练的优点包括:

- 提高动态体式的控制力;
- 保证肌肉平衡;
- 为腰—髋—骨盆带提供固有的稳定,腰—髋—骨盆带把其余动作链的最佳神经肌肉效应也包含在内。

健身训练已经开展了 38 年。但直到几年前,我所做的也只不过是去趟健身房,使用器械进行力量训练,然后再上几次有氧运动课。不过现在我常常在训练中使用不同的工具，因为这样可以挑战自我，看看自己能做到什么程度是一件很有趣的事情。

如今，当你在决定选择哪条“路”去保持身材时，产生疑惑是再正常不过的事情了。别着急，按照你自己的节奏，跟随经过培训的业内人士进行练习。走好训练的每一步，在许多不同的功能性运动工具中，业内人士常采用以下方式。

- 瑜伽（流瑜伽、阿斯汤伽、哈他瑜伽、高温瑜伽、高温流、吉瓦穆克提瑜伽）；
- 健身训练营；
- 重量训练；
- 间歇性训练；
- 悬吊训练；
- 壶铃训练；
- 室内自行车；
- 心肺功能器材；
- 战绳训练；
- 游泳。

确定最适合自己的方式

首先要问自己的问题是，我想要达到什么效果？是想提升身体构成，还是增强身体的功能性和活动能力？抑或是促进心血管健康呢？

一旦你有了答案，便知道该从哪里开始。目前，我不是说你不能同时达成 3 个目标，但为了帮助你确定目标并专注于它，我已经列出了一些方法。

提升身体构成

为了提升身体构成，你必须要进行抗阻训练。抗阻训练能提升身体基础代谢率（BMR）。它代表着身体在休息时所燃烧的脂肪热量。负重训练后休息时的基础代谢率，是高于仅做心肺功能训练后休息时的基础代谢率的。因此，这就是为何抗阻训练极其重要。下面的一些工具非常适合在抗阻训练中使用。

- 负重器械；
- 壶铃；
- 训练绳；

- 弹力带；
- 身体的自重。

增强身体的功能性和活动能力

这项目标是针对那些自我感觉身体动作不如从前的人。我所见过的客户中，大部分都属于这一类。让我们来看看，每天在椅子上坐 8 个小时，任何人都会感到身体僵硬。有一些极好的方法可以帮助我们提高功能性和活动能力。首先，你需要检查一下自己的功能性动作或做一次详细的评估。优秀的健身指导或物理治疗师即可帮你完成这项工作。然后，你便能找到自己的不足之处，并加以纠正。如果你没能做这样一个详细的评估，还可以借助以下一些方法。

- 瑜伽；
- 普拉提；
- 螺旋训练；
- 标准的伸展训练。

促进心血管健康

促进心血管健康的一种基本方法就是，从下列运动中选出一种，每周做 3 次。

- 跑步；
- 游泳；
- 骑车；
- 桨板运动；
- 徒步；
- 战绳；
- 室内单车；
- 常规的爬楼梯训练；
- 使用心肺功能训练设备练习（如楼梯机、椭圆机、跑步机、攀爬机、健身自行车、划船机）。

第一天，选择一些你能做到的，做高强度短时间练习，也就是说不超过 10 分钟。第二天，中等强度，20 分钟。第三天，选择一些你可以保持的，30~60 分钟，节奏慢且简单的。这是一个选择面较宽泛的方法，但对于初学者来说却是很好的。一天结束时，训练应是让人愉悦的。即使我那些以运动为生的专业运动员客户们，也需要保持练习的趣味性。因此，确定好目标，专注于它，也别忘了“玩”儿得开心。

那么，现在让我们来看看，你是什么样的健身类型？而你又想成为怎样的类型？

2.8　肌肉锻炼的 3 个阶段

如果你的目标是增加肌肉含量、增强力量及重塑身体，那么你所需要的是聪明的练习，而非努力的练习。你可以通过阶段性方式来塑造一个强健的体魄：基础阶段、增强阶段和巩固阶段。你必须保持个人喜好、身体需求及锻炼后身体所需的修复三者之间的平衡。如果你的目标是增加肌肉含量，那么就根据这 3 个阶段(表 2–3)来制订锻炼计划，循序渐进地挑战自己。

开始前需要知道的事情

每次锻炼应持续 45~60 分钟，包含热身和放松。如果你不习惯使用负重器械，那么就从一套全身动作开始，每周 3 天。每个阶段可持续 2~4 周。开始时，整套练习中重复动作占多数，对抗占少数。然后，可根据个人进度，逐渐减少重复动作的比例，增加对抗动作的比例。从多样化的练习开始，比如深蹲、卧推、哑铃划船、哑铃压肩、核心训练及手臂练习。为了肌肉大小所吃的东西和为了健康所吃的东西，实际上并无区别，只需有充足的蔬果、谷物，以及 1~1.5g/kg(按自身体重计算)的蛋白质结构即可。可将乳清蛋白补充剂加入奶昔里，或者洒在麦片上，以达到身体所需的蛋白质摄入量。

第 1 阶段：基础训练

任何一个抗阻训练的第一个阶段都是基础练习，包括力量、耐力、关节和其他身体结构的整合。这个基础阶段的主要着眼点在于循环训练，不仅增加了肌肉力量，而且可以获得有氧运动的益处。当你完成第一个练习的第一组时，应迅速进入下一个练习的第一组，然后第二个、第三个……直至做完所有练习。休息 60 秒，再次重复第一个练习，以此循环到所有练习的所有组数完成。力量方面，选择你能举起的中等重量器械，且这个重量只会让你略有不适感。

第 2 阶段:增强训练

一旦完成了基础训练,你就可以考查肌肉“增大”的能力了。“增大”一词是指肌肉体积的增加。在这个阶段,你会快速进入所需要的体格增强状态。许多研究表明,8~12 次的重复,是最有助于产生最高含量的肌肉以及最高质量的生长激素的,这种生长激素能够保持身体年轻、活力与健康,并促进肌肉的生长。增加挑战性的重量会使每一次练习的难度加大。与基础阶段不同,这个阶段是做完每一个练习的所有组数之后,再进入下一个练习,依此类推。本阶段每个练习之间的休息间隔时间为 1~2 分钟。

第 3 阶段:巩固训练

当你打下坚实的基础后,肌肉体积逐渐增大,就到了巩固和强化的阶段。而肌肉强化的下一个自然阶段就是增加更多的负重。选择一个重量,该重量的标准是在每组重复训练的最后一次仍能产生挑战的重量。本阶段的练习是按照一个纵向清单的方式进行的:首先按照清单,由上至下依次完成每一个练习的第一组,然后休息 1~2 分钟,再从头至尾做一遍每个练习的第二组,照这样完成所有组数。

你可以通过一种阶段性进阶的方式来锻炼强健的体格。每周再进行 2~3 次中等速度的心肺功能训练,每次 20~30 分钟,便可以燃烧更多的脂肪,提高肌肉纯度。

表 2–3　肌肉锻炼的 3 个阶段

阶段	练习数量	组数	重复次数	组与组之间的休息间隔(秒)
第 1 阶段	3~4	8~10	15~20	60
第 2 阶段	4~5	6~8	8~12	60~90
第 3 阶段	3~5	6~8	5~7	60~120

2.9　综合健身训练

综合健身训练是为有多种目标的健身爱好者而设计的锻炼模式。

首先,我们需要理解结构化的概念。功能性动作和抗阻训练阶段是基于锻炼项目和改进目标的合理动作,锻炼项目和改进目标可用于稳定性和灵活性的训练。换句话说,这种综合健身训练可改善体态失衡,以及提升运动项目的速度、敏捷度及力量。此外,一种新的系统化心肺功能训练方式,也可以用来达成个性化的目标,诸如健康、健美或者在耐力竞赛中的表现。

综合健身训练有 4 个心肺功能训练阶段。

- 第 1 阶段:有氧基础训练;
- 第 2 阶段:有氧能效训练;
- 第 3 阶段:有氧耐力训练;
- 第 4 阶段:有氧力量训练。

每个阶段都制订一个主要的训练目标,旨在使运动的生理适应变得容易。不是每个人都是从第 1 阶段开始的,因为每个人进入心肺功能训练的切入点不同,它取决于个人的身体健康状况及锻炼目标。如果你需要,我们可以通过每个阶段的评估和排课工具,来制订个性化的心肺功能训练方案,使你从习惯性久坐少动的状态达到可以适应耐力训练。虽然大多数练习者都不会“经历”这个完整的过程,但是我会帮助他们掌握长期训练的方法。

每个阶段的排课都基于 3 个模块。每个模块的训练强度以个人强度参数为基础,这些参数包括:达到第一通气阈(VT1)时、达到第二通气阈(VT2)时的心率,谈话测试,以及主观用力程度分级(RPE)。

传统的强度参数,如最大心率百分比(%MHR)、储备心率(%HRR)、储备摄氧量(%VO_2R),都不是监控心肺功能练习强度的常用指标。因为它们需要实际测量最大心率和最大摄氧量,以便为课程编排提供精确的个性化数据。大多数人都没有测量最大摄氧量,而且极少数甚至是无人能够测量出最大心率,除非测出最大摄氧量。

正因为如此,使用这些传统强度参数的任何人,都必须用带有较大标准差的方程来估算最大心率和最大摄氧量。基于预估的最大心率值和最大摄氧量的练习指南能帮你达到目标,但这些指南还有不少出错的空间,而且也不能说明不同个体对练习的代谢反应。

体能测试

一旦你已经进行了全面评估,并做好了练习的准备。那么,下一步就是体能测试。之所以进行体能测试主要有 3 方面的原因。

1. 为了获得体能状态的相关信息,与同年龄段、同性别的人的健康水平进行比较。

2. 提供数据,以帮助你为不同的健身需求制订锻炼计划。

3. 收集基线数据,以便与将来的测试数据做比较。

从积极的角度来说,获取健康状况初始数据是十分重要的。然而,更重要的是后续的测试,因为它们是对你锻炼情况的反馈。更多的努力会带给你成功的喜悦,这种喜悦对保持训练热情也是至关重要的。

在体能测试之前,你需要了解一些操作说明,知道如何去准备即将开始的各项测试。详细而明确的操作说明,对于保证数据的有效性和精确度是十分必要的。除了 3 小时无烟测试之外,你还不能摄取任何食物、酒精(乙醇)及咖啡因。此外,合适的着装、充足休息、测试前 12 小时不参加锻炼,这些都是很重要的注意事项。

2.10 更多健身课程设计

普通强度:即常规的抗阻训练,如负重训练、身体自重练习。常规的力量训练没有模仿任何一个主动动作。这个阶段的主要目标是建立解剖层面的适应力,以便做好提升最大强度和运动量的准备。

个性化强度:通过极为接近实际运动姿势的练习来提升能力。这个阶段的大部分练习,都被归为功能性练习。此阶段初期是把进程由普通强度,向某一具体的功能过渡。例如,基础的健身球投掷和增强式训练都属于个性化练习。

特定强度:优化全身及特定部位力量,以达成训练目标。本阶段尽可能地去模仿目标活动的动作,这些动作可以用于反馈训练者在速度、负荷及力量上的进步。击打障碍机器、投掷重力球、抡重力棒、单腿伸展及增加负重练习,都是特定强度练习的例子。

主动恢复:使身体从训练或竞赛中修复和再生。主动恢复远比全面休息更有效。在修复阶段,将交叉训练和主动爱好的项目加入训练之中是达到主动恢复的最好方式。

规律锻炼和身体活动的益处

- 增强心肺功能和呼吸功能。
  - 为了适应中枢神经系统及周围神经系统的变化，最大氧气摄入量增加。
  - 在给定的次最大强度之下，每分通气量降低。
  - 在给定的绝对次最大强度下，降低心肌耗氧量。
  - 在给定的次极量运动下，减少心脏和血流压力。
  - 增加骨骼肌中的毛细血管密度。
  - 为减少血液中乳酸堆积而增加运动阈值。
  - 为缓解疾病（如心绞痛、缺血性 ST 段压低、跛行）的指征或症状而增加运动的阈值。
- 降低冠状动脉疾病的风险。
  - 降低静息时的收缩/舒张压。
  - 增加血清高密度脂蛋白胆固醇，减少血清甘油三酯。
  - 减少总体脂、减少腹内脂肪。
  - 减少胰岛素需求，提升糖耐量。
- 降低死亡率和发病率。
  - 一级预防（如预防急性心脏病发作的介入方法）。

1. 较大的活动量及较高的健康水平，与降低冠状动脉疾病死亡率相关。

2. 较大的活动量及较高的健康水平，与降低心血管并发症、冠状动脉疾病、结肠癌及 2 型糖尿病有关。

  - 二级预防（如介入治疗心脏病后预防其他疾病）。

1. 基于荟萃分析（众多研究的综合数据），参加心脏病康复训练的心肌梗死后综合征患者，其心血管死亡率及全因死亡率有所降低，尤其是作为多因素风险因素降低的一部分。

2. 在心脏康复训练和全因死亡率的随机对照试验中，心肌梗死后综合征患者的数量均减少。

其他可能的益处：

- 减少焦虑和抑郁。
- 提升幸福感。
- 提升工作、娱乐及体育活动中的表现力。

健身评估的目的在于收集基线数据，并为确立训练目标和制订有效的训练计划提供依据。收集各种不同的数据并对其进行评价，为你的健康水平提供更广泛的参考。这一过程和收集到的数据会帮助你识别有可能发生损伤的部位，并且基于你的健身目标和身体情况给出合理的强度和初始训练量的建议。数据能帮助我们将抗阻训练状态进行分类。

接下来的内容是，如何基于你的抗阻训练状态去开展训练。

训练状态：

1. 初学者(不健康)；
2. 中级练习者(中等健康)；
3. 高级练习者(健康)。

当前计划：

1. 未训练或刚刚开始(不健康)；
2. 正在训练中(中等健康)；
3. 已训练超过一年(高阶的，健康)。

训练年限：

1. 小于 2 个月(不健康)；
2. 2~6 个月(中等健康)；
3. 1 年以上(高阶的，健康)。

训练频率(每周)：

1. 1~2 次(不健康)；
2. 2~3 次(中等健康)；
3. 3~4 次，或更多(高阶的，健康)。

训练强度：

1. 无或低(不健康)；
2. 中等(中等健康)；
3. 高(高阶的，健康)。

2.11 什么是瑜伽

“Yoga”一词来源于梵文中的“YUI”，它常常被译为“运用”“联结”或“连接”。瑜伽是通过感知觉来控制不稳定的意识状态，以达到人的全面发展。

我们很难去确定瑜伽具体的起源时间，因为瑜伽知识的传承是以有节奏的箴言形式，秘密地口口相传的。而瑜伽技术则是由老师教授给学生。第一部提及瑜伽的著作是《奥义书》——一部起源于印度，写于公元前 600 年的印度哲学著作合集。北印度戒指印章中的艺术图案表明，瑜伽可能起源得更早。《帕坦伽利瑜伽经》创作于古典瑜伽时期，是影响至今的、著名的系统化瑜伽哲学代表著作。我们对帕坦伽利知之甚少，甚至连他所生活的具体年代都不知道，尽管有记录显示可能是在公元前 300 年至公元 300 年。他是第一位在他的 195 条瑜伽经文中提出瑜伽综合体系的人。在书中，他描述了瑜伽八法或八支分法，从实践的角度明确了瑜伽练习必须要一步一步进行。

“瑜伽八支分法”是：

- 制戒（外部事物）；
- 内制（内部事物）；
- 体式；
- 调息（呼吸控制法）；
- 制感（感官控制）；
- 专注（注意力集中）；
- 禅定（冥想）；
- 三摩地（成为一体，开悟）。

古典瑜伽的方法包含了 8 个方面或者 8 个步骤。前 5 个是外部分支，后 3 个是内部分支。在西方国家，大部分人都认为瑜伽只有身体层面的练习——体式。而事实上，这只是瑜伽 8 个步骤的其中之一。对于大多数刚开始练习瑜伽的人来说，起初的时候很容易把关注点放在身体层面，如柔韧性、健康、肌张力等。因此，专注于身体层面的练习风格使得调动初学者的热情这件事更为容易。

然而，帕坦伽利很快让人们明白，瑜伽不是一项体育运动，而是一种将意识、精神和身体联结起来的方法。在他的论著开篇中，他将瑜伽的目的定义是“Yoga citta-vritti-nirodah”，即瑜伽是控制心意的波动。瑜伽是一种当情绪和精神处于休息时的内在状态。这项有着上千年历史的印度技能，包含许多精神和身体的训练，以及已经传入西方社会的冥想。有趣的是，帕坦伽利极少提到瑜伽中关于身体的练习（体式练习）。仅在《帕坦伽利瑜伽经》的第 2 章第 46 条中，他简要地提到了坐立体式应该是稳定而且舒适的（“sthira-sukham-āsanam”）。这意味着我们今天所认为的“瑜伽”，仅仅是为冥想练习而做的准备。

随着时间的推移,许多不同风格的瑜伽逐渐出现,但哲学部分都是与身体练习相分离的。一些瑜伽的冥想形式主要关注点在于注意力是否集中,另一些则在于身体层面的练习(体式)和有意识的呼吸(呼吸控制法),而还有一些则在强调"苦行"。今天,瑜伽大多用于放松、增加柔韧性和减压。

作为一门减压技艺,瑜伽往往致力于一种整体的功能性方式,这种方式试图将身体、精神和心灵三者达成统一。此外,瑜伽还能帮助改变不平衡的生活方式以达到平衡。因此,规律性的练习是很重要的。尤其是在西方国家,瑜伽通常是在教学单位里教授的。这类教学单位把体式、深层放松和冥想结合在一起教授。

瑜伽有很多流派,其中最为人熟知的是哈他瑜伽,这也是最受西方人欢迎的一个流派。它强调的是身体统一。不少其他类型的瑜伽都是由哈他瑜伽和其他传统形式发展而来的。例如,由思瓦米·悉瓦南达(1887—1963年)创立的瑜伽体系,就是一个更强调功能整体性的方式,它强调在身体和呼吸练习之后的深度放松与冥想。瑜伽导师艾扬格(1918—2014年)所创立的瑜伽流派,其关注点是动作的精准度。这一深受欢迎的瑜伽流派最典型的特征就是瑜伽砖和瑜伽带的使用。阿斯汤加瑜伽是一个具有挑战性的流派,它教授"流"(流动的练习)和一种特殊的呼吸方法(Ujjayi喉式呼吸),它也是起源于哈他瑜伽。

比克拉姆瑜伽,由同名瑜伽大师所创立,在约104华氏度(40℃)、高湿度的环境下练习,它包含一套特定的Asana瑜伽序列和两种调息法。昆达利尼瑜伽由瑜伽士帕江(1929—2004年)创立,不仅包含了1500多个可静可动的练习,十分注重冥想,而且能调动人体的能量,使人精神焕发。这种瑜伽形式多样,可为练习者提供大量不同的选择。它也被称作"觉知瑜伽"或"能量瑜伽"。当然,还有很多值得一提的瑜伽流派,但再谈下去的话,就超出了本书所涉及的范围。从原则上讲,几乎所有人都能练习瑜伽,因为它既不是关于"表演"的,也与"完美主义"无关,仅仅是与"练习"有关。身体上的限制并不能成为练习瑜伽的障碍,因为很多练习都是可以在相关器械辅助下完成。此处强调的是一些练习瑜伽的益处,包括:

- 增强免疫系统功能;
- 减少背部疼痛;
- 减少肩颈的紧张;
- 增强副交感神经系统功能;
- 对心肺有积极的促进作用;
- 促进内分泌系统;

- 纠正睡眠紊乱；
- 提升身体健康水平；
- 增强自信；
- 改善压力调节能力；
- 提升专注力；
- 提高血液质量。

到目前为止，虽然西方科学不能证明瑜伽的所有益处，但这不代表它没有用。举个例子，现在有很多关于瑜伽的国际研究证实，在现代医学中利用瑜伽或推荐使用瑜伽，来提升健康水平是可行的。

第3章 练 习

普通人未必不健康或者不锻炼，他们随时可以开始规律地练习。他们可能会跑跑步或者骑骑车，但通常从不做力量训练。

因此，让一名经过认证的专业人士作为指导是至关重要的，他将在训练结构和常规训练中提供帮助，如他能在常规训练中告诉你什么时候需进行怎样的训练，如何慢速练习，以及理解如何纠正动作体感(这也可以通过在镜子前训练来获得)。在开始训练时，学会如何正确地呼吸及保持对周围环境的感知也很重要。教练的职责是确保训练者正确地使用训练设备，帮助训练者对身体的新要求在心理和生理上做好准备。

健身爱好者已经开始规律地锻炼，但他想要进阶。对他来说，提高他的运动表现，达到一个新的体质水平是很重要的。例如，铁人三项运动员的运动水平与大多数健身爱好者或运动员完全不同，因为他们的运动需要在比赛前进行长时间的训练。铁人三项运动员必须为所有三项耐力活动进行训练，并了解如何分配他们的体能；他们必须能够尽可能顺利地从一项活动过渡到另一项活动；他们必须知道如何在肌肉疲劳的状态下继续活动。因此，这种特殊的健身爱好者和跑步爱好者需求不同。

基于每个人各自的健身目标，其健身需求各不相同，因此根据不同的运动和活动对下列训练进行分类，包括跑步者、骑自行车者、铁人三项运动员及格斗运动员的稳定性训练。

- 户外和室内训练营；
- 混合训练；
- 高强度间歇训练；
- 腿部、手臂和核心训练。

所有的练习都适用于初学者或高级健身爱好者,即使他没有参加特定的运动。在每个章节末尾,循环训练实例将有助于创建一个基于体能水平的训练计划。

力量训练既不复杂也不昂贵。力量和稳定性训练的一大优点是,没有昂贵的器材也可以进行各种训练。对于每一项练习，你将在练习标题处看到不同个数的星号,它表明该练习的难度级别。

初学者 ★

中级者 ★★

高级者 ★★★

3.1 跑步者

以下 9 种力量和稳定性练习适合于跑步者。

练习 1：俯卧撑 ★★★

训练肌肉：背部–胸部–手臂。

器材：伸展带。

1

2

步骤：从俯卧位开始，双手分开与肩同宽，双脚分开与髋同宽。保持头部与脊柱成一条直线，身体笔直。将伸展带一端套在虎口处，另一端(即一条腿)套在脚下。当你做俯卧撑时，保持腿和脚下的伸展带的高度不变。手臂至少弯曲 90°，降低身体，然后回到原来的位置，手臂完全伸直，腿保持抬高。重复所需的次数。

注意：避免将下巴(下颌)推向胸部或让臀部下沉。在离心和向心阶段都保持稳定的速度。

练习 2:CLX 弹力带侧平板支撑(CLX 为弹力带品牌) ★

训练肌肉:肩-背-腹斜肌。

器材:CLX 弹力带。

步骤:从侧板姿势开始,左前臂和左脚侧放在地板上。身体的其他部位不要触地。将弹力带套在脚上,确保其不会滑落。右手握住弹力带。伸直右臂,使其指向侧上方。将抓弹力带的手臂水平旋转至胸部,然后继续加深手臂动作,直到手臂位于地板和左侧躯干之间。再回到起始位置并重复。在整个运动过程中保持一个稳定的核心。完成一侧所需的所有重复次数后,换另一侧练习。

练习 3:用椅子做登山跑 ★

训练肌肉:肩-胸-背-腹肌-臀部。

器材:椅子。

步骤:俯身向前,双手与肩同宽,置于椅子的两侧。在这种姿势下,你的上半身要高于你的脚,使运动更容易进行。保持躯干稳定,头和脖子挺直,与脊柱保持一致。屈膝到胸前再伸直,双腿交替。这类似于原地跑步。重复所需的次数。

练习 4:泡沫轴被动俯卧撑伴膝关节屈伸 ★★

训练肌肉:手臂–臀部–胸部–背部。

器材:泡沫轴。

步骤:从俯卧撑开始,双手放在泡沫轴上,保持与肩同宽。然后通过弯曲和伸直肘部来做俯卧撑。同时膝关节弯曲靠向胸腔,再将腿向后伸直。每次俯卧撑时双腿交替活动。在换腿之前,必须将腿保持在离心位置约 5 秒钟。重复所需的次数。

练习5:卧式泡沫轴交叉卷腹 ★★

训练肌肉:腹肌–下背部。

器材:泡沫轴。

步骤:躺下,脊柱贴近泡沫轴,并确保颈部和头部安全。将左臂置于身体旁侧,右臂置于耳旁。背部平贴在泡沫轴上,弯曲双膝,脚掌踩地,伸直左膝,脚后跟离开地面。右膝保持弯曲,脚掌踩地。然后对侧蜷曲并扭转躯干,保持下巴微收向上伸展,左手放在地板上。随着缓慢地转动,将右肘靠向左膝,再缓慢回到起始位置,然后重复该动作。确保两边重复的次数相同。

练习 6：泡沫轴屈体（平衡） ★

训练肌肉：腹肌–下背部。

器材：泡沫轴。

步骤：躺下，将脊柱贴在泡沫轴上，确保颈部和头部安全。将左臂置于身体旁侧，右臂稍稍靠向头部。背部平贴在泡沫轴上，双膝弯曲，双腿抬起，让脚跟抬离地面。然后，像折刀一样，弯曲膝关节并靠近躯干。保持下巴微收向上伸展。左手保持贴地，轻轻摆动，右臂沿着躯干右侧做矢状面移动至右膝旁侧，回到起始位置，然后重复。完成一侧的所有重复动作后，换另一侧重复练习。

练习 7:伸展带腹背训练　★

训练肌肉:背部–手臂。

器材:伸展带、健身垫。

1

2

步骤:俯卧在健身垫上(腹部贴地)。双手握住伸展带,双臂伸向前方。双脚踩着伸展带并向后伸直。伸展带在背后,也就是说,当面部朝下时,伸展带是在身体后侧,然后同时将手臂和腿抬离地面。再回到起始位置并重复。

练习 8:用椅子自重深蹲 ★

训练肌肉:腿部–臀部。

训练肌肉:椅子。

操作步骤:背对椅子站立,脚后跟离椅子 5~8 英寸(12.7~20.3cm),双手放在身体两侧,进行 90°的自重深蹲,当臀部轻轻接触椅子时停止,但不要坐下。下蹲的同时,向前抬起双手,并把手臂沿矢状面向上屈 60°。当你站直的时候,内收手臂(放下手臂)。重复练习。

练习 9:屈肘 90°从后向前做弓箭步 ★

训练肌肉:手臂-腿-背部。

器材:有氧健身杆。

步骤:站立,双手握住有氧健身杆的第二档,屈肘成 90°。向前迈腿成弓箭步。抬起后腿。然后立即向后跨步做向后的弓箭步。腿部回正站直,再用另一条腿开始向前弓箭步。重复练习。

2

3

上述 9 项练习，每周进行 2~3 次循环训练，每次 20~30 分钟。有两种不同的方法，一种是针对初学者的(表 3-1)，另一种是针对高级练习者的(表 3-2)。除非另有规定，否则练习之间的休息时间应该持续到需要改变姿势为止。这将确保循环训练的有效性。

表 3-1　初学者循环训练

练习	次数和组数	休息(秒)
练习 1：俯卧撑	15×	–
练习 5：卧式泡沫轴交叉卷腹	2×10	15
练习 6：泡沫轴屈体(平衡)	10×每侧	–
练习 3：用椅子做登山跑	3×15 秒	15
练习 7：伸展带腹背训练	2×10	15
练习 2：CLX 弹力带侧平板支撑	2×每侧，保持 15 秒	–
练习 8：用椅子自重深蹲	10×	–
练习 9：屈肘 90°从后向前做弓箭步	10×每条腿	–
注意：休息 1~2 分钟，然后重复所有的练习		

单纯跑步是不够的，尤其是对在办公室工作的人来说。每天坐几个小时会导致肌肉失衡。即使在行走时，也有一些肌肉群变得强壮，而另一些会缩短，甚至变弱，这也会导致肌肉不平衡。为了防止这种情况发生，我们为跑步者准备了 9 个最重要的平衡练习。由于每周只需要做 3 次练习，所以不要找借口偷懒！我们开始吧。

表 3-2　高级练习者的循环训练

练习	次数和组数	休息（秒）
练习 1：俯卧撑	15~20×	–
练习 5：卧式泡沫轴交叉卷腹	2×25	15
练习 6：泡沫轴屈体（平衡）	15×每边	–
练习 3：用椅子做登山跑	2×30 秒	10
练习 7：伸展带腹背训练	2×20	10
练习 2：CLX 弹力带侧平板支撑	3×每边，保持 25 秒	–
练习 8：用椅子自重深蹲	15~20×	–
练习 9：屈肘 90°从后向前做弓箭步	15×每条腿	–
注意：休息 1~2 分钟，然后重复所有的练习		

3.2　骑自行车者

以下 9 种力量和稳定性练习适合于骑自行车者。

练习 1：实心球交替俯卧撑　★★

训练肌肉：手臂－胸－背－腹肌。

器材：实心球、枕垫。

步骤：将实心球放在胸腔下方，左手贴地，右手放在球上。膝盖放在枕垫或辅具上。保持核心肌肉收紧，开始吸气并尽可能地降低身体后停留。呼气时，将身体向上推到起始位置。臀部不能向下！头部始终保持在同一个位置。再把左手放在球上，此时两手均在球上，然后把右手移至肩膀下面的地板上。保持核心肌肉继续收紧，开始吸气，尽可能地降低身体并停留，然后在呼气时将身体向上推到起始位置。重复练习。

练习 2：弹力带稳定球训练 ★

训练肌肉：肩膀-背部-臀部。

器材：稳定球、轻磅弹力带。

步骤：双脚分开站于稳定球正前方。将轻磅弹力带一端踩在脚下。双手握住轻磅弹力带的另一端，双手分开与肩同宽，保持在大腿根部的水平位。下蹲时，双臂向上抬起，臀部轻轻触碰稳定球，然后站立倒行，双臂向下。重复练习。

练习 3：CLX 弹力带推胸　★

训练肌肉：手臂–胸–肩。

器材：CLX 弹力带。

1

2

3

4

5

步骤：双脚前后站立。双膝微微弯曲。把 CLX 弹力带放在上背部后侧。双手握住 CLX 弹力带的末端，使用适合锻炼者力量水平的反作用力，让双臂向身体前侧伸展，保持肘部微微弯曲。然后把 CLX 弹力带拉伸到身体前侧，伸直肘部。再把手臂收回到起始位置。重复需要重复的次数，然后换腿，使后腿在前面，重复练习。

练习 4:CLX 弹力带对角线抗阻训练 ★

训练肌肉:腹肌–背部。

器材:CLX 弹力带。

步骤:做这个练习时,需要一个搭档,如果没有,必须有适合的固定设备。如果有一个搭档,就需要他协助将 CLX 弹力带保持在尽可能低的位置。然后应该拿着 CLX 弹力带,并找到最适合锻炼者强度水平的力量环(作用力与反作用力保持平衡)。从搭档或固定位置转 90°。站立,双脚分开一定宽度,抬起靠近 CLX 弹力带的那只脚后跟。两手重叠或交握。

保持手臂伸直,通过旋转躯干,拉动 CLX 弹力带往肩部斜上方伸展,弯曲膝关节,逐渐抬高手臂,直到 CLX 弹力带与身体接触。再慢慢回到起始位置,另一侧重复练习。

练习 5：CLX 弹力带臀外侧外展训练　★

训练肌肉：臀部。

器材：CLX 弹力带。

步骤：站立，左脚踩住 CLX 弹力带。这样就可以为右腿提供阻力。然后根据需要的阻力，把右脚放在适合的 CLX 弹力带圈里。双手放在臀部，从侧面将腿抬离身体。必须收缩腹部肌肉和背部肌肉以保持稳定。在右腿完成这套动作后，左腿重复该动作。

练习 6:CLX 弹力带臀肌强化训练 ★

训练肌肉:腿部–臀部。

器材:CLX 弹力带。

步骤: 双膝跪下。双手撑地,与肩同宽,平放在地上。保持背部挺直,如果想要舒适,可以在膝盖下面放一个枕垫或靠垫。CLX 弹力带应该用手单侧握在正在训练的腿和臀部的一侧。把脚放在 CLX 弹力带环中,以获得最适合训练水平的阻力。然后将训练一侧的膝盖稍微抬离地面,再把腿尽可能地伸展到臀部以上。回到起始位置。在另一侧重复练习。

练习7:稳定球“死虫”训练 ★★

训练肌肉:腹肌–腹斜肌。

器材:稳定球。

步骤:仰卧,抬起腿和手臂。把稳定球夹在脚趾和手指之间。保持下背部紧贴地板,做手臂–腿组合的对侧运动。开始是左臂和右腿的对侧运动,达到所需的重复次数,然后换为右臂和左腿。继续对侧移动,达到所需的重复次数。

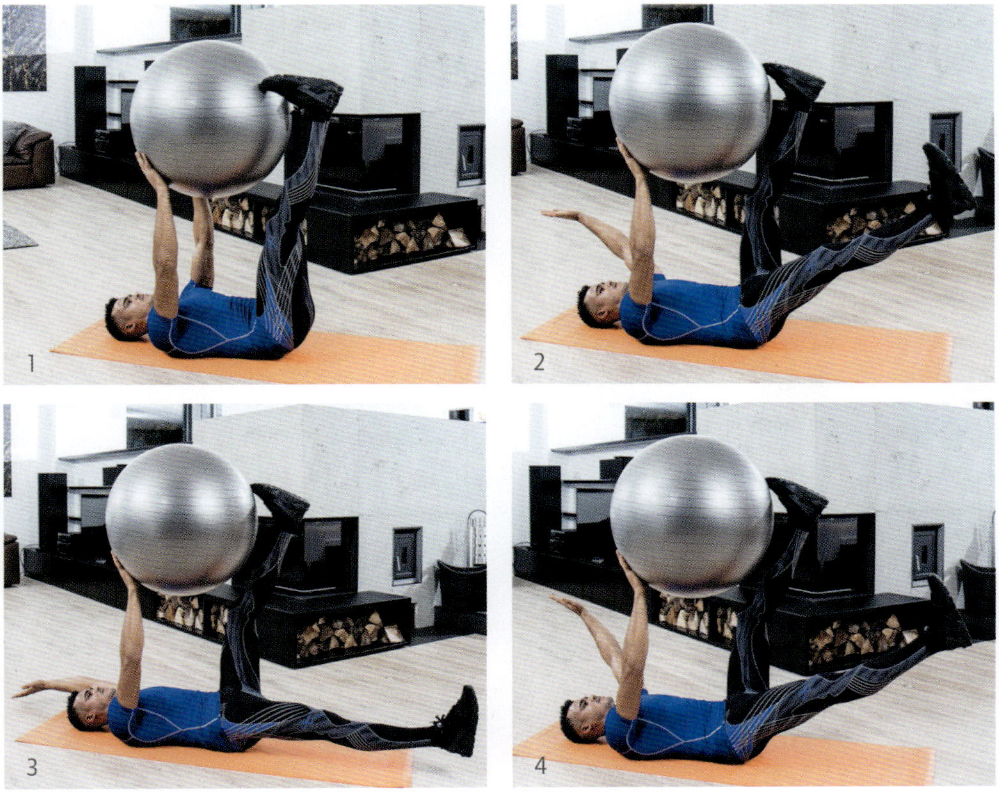

5

6

7

8

9

练习 8：CLX 弹力带肩部推举　★★

训练肌肉：手臂-肩膀。

器材：CLX 弹力带。

步骤：双脚前后站立，将 CLX 弹力带置于后脚中间。手放在小环孔内，选择适合的阻力水平。然后从两侧向上抬起手臂，肘部保持 90°弯曲。将 CLX 弹力带向上拉过头顶，伸展肘部。着力点稍稍后移，靠近 CLX 弹力带阻力的方向，以保持阻力作用在头后面，一定要收紧背阔肌、臀部和腹肌，以增加稳定性。训练结束后，将后腿向前移动，前腿向后移动，再将双腿错开，重复练习。

练习 9:坐式腘绳肌训练 ★

训练肌肉:腿部。

器材:CLX 弹力带、椅子。

1

2

步骤:这项练习最好坐在椅子上、按摩床上或类似的地方。在开始练习前,确保系好 CLX 弹力带或由搭档拿着。单膝伸直,腿抬高直到与地面平行。确保膝盖可以慢慢地、有控制地移动到这个伸展位置。身体坐直,双手握紧椅子两侧或收缩肌肉来保持身体稳定。弯曲膝盖将 CLX 弹力带拉回,直到膝盖完全弯曲,回到起始位置,重复上述动作。

上述9项练习,每周进行2~3次循环训练,每次20~30分钟。有两种不同的方法,一种针对初学者的(表3–3),另一种是针对高级练习者的(表3–4)。除非另有规定,否则练习之间的休息时间应该持续到需要改变姿势为止。这将确保循环训练的有效性。

表3–3　初学者循环训练

练习	次数和组数	休息(秒)
练习1:实心球交替俯卧撑	5×(10~15)	–
练习2:弹力带稳定球训练	3×20	15
练习3:CLX弹力带推胸	4×15	10
练习4:CLX弹力带对角线抗阻训练	2×4×20	10
练习5:CLX弹力带臀肌强化训练	2×每侧,持续25秒	–
练习7:稳定球“死虫”训练	2×30	–
练习8:CLX弹力带肩部推举	3×20	–
练习9:坐式腘绳肌训练	4×15,每条腿	–
注意:休息1~2分钟,然后重复所有的练习		

单纯骑自行车是不够的，尤其是对在办公室工作的人来说。每天坐几个小时会导致肌肉失衡。当骑车时，一些肌肉变得更强壮，而另一些肌肉则会缩短，甚至变弱，这也会导致肌肉失衡。为了防止这种情况的发生，我们为骑自行车的人提供了9项最重要的平衡练习。由于每周只需要做3次练习，所以不要找借口偷懒！我们开始吧。

表 3–4　高级练习者循环训练

练习	次数和组数	休息（秒）
练习1：实心球交替俯卧撑	5×(10~15)	–
练习2：弹力带稳定球训练	3×25	15
练习3：CLX弹力带推胸	4×25	10
练习4：CLX弹力带对角线抗阻训练	4×4×20	10
练习5：CLX弹力带臀肌强化训练	4×每侧，持续25秒	–
练习7：稳定球“死虫”训练	4×30	–
练习8：CLX弹力带肩部推举训练	3×25	–
练习9：坐式腘绳肌训练	4×25，每条腿	–
注意：休息1~2分钟，然后重复所有的练习		

3.3　铁人三项运动员

以下 9 种力量和稳定性练习适合于铁人三项运动员。

练习 1：弹力带对角转体　★

训练肌肉：腹肌–臀部–背部。

器材：轻磅弹力带。

步骤：首先将轻磅弹力带置于右脚下方。站直，身体放松，膝关节微弯，臀部稍微向后推，手臂伸直，肘部弯曲约 50°。向右旋转约 20°，保持手臂靠近身体。确保足部和手部之间的轻磅弹力带始终有足够的阻力来保持肌肉收缩。现在开始向左上方旋转并伸直双臂，直到手臂高于头部，越过左肩。始终保持手臂伸直(肘部柔软)。在结束位置停留，稍微伸展弯曲的膝盖，但不要伸展到下背部。保持 2 秒。回到起始位置重复。在需要的重复练习之后，将轻磅弹力带放在左脚下方，换另一侧练习。

练习 2:弹力带侧步外展内收训练 ★

训练肌肉:臀–腿。

器材:轻磅弹力带。

步骤:首先,用脚心踩在轻磅弹力带上,这样弹力带刚好在身体的正外侧,向上拉起到上臂的中间。肘部弯曲并外展到与肩关节约成 80°角,以支撑轻磅弹力带。然后,尽量将左腿外展。由于有轻磅弹力带,腿会立即合上,所以一定要采取一个宽大的相扑式步距,如果需要的话,稍微蹲下 40°或更深。然后回到起始位置,重复练习。

练习 3：弹力带绕圈　★

训练肌肉：肩部–手臂–背部。

器材：轻磅弹力带。

步骤：双脚与肩同宽，双手握轻磅弹力带站立。手臂在胸部水平位横向打开，与地面平行。双臂略高于肩关节，开始做肩关节的横向旋转，让轻磅弹力带超过肩关节并向背部收缩，直到感觉肩胛肌和菱形肌被激活。然后回到起始位置并重复练习。

练习 4：泡沫轴上俯卧撑 ★★

训练肌肉：胸部–手臂–肩膀。

器材：泡沫轴、瑜伽垫和有氧健身杆。

步骤：跪在地板上，双手放在泡沫轴上。可以让搭档在脊柱上放一根有氧健身杆。有氧健身杆应该从头部沿脊柱到臀部。向下做俯卧撑，再向上伸直肘部，回到起始位置。在整个练习过程中，有氧健身杆应该始终贴紧在脊柱上。重复所需的动作次数。

练习 5：CLX 弹力带侧板外展与转体　★★★

训练肌肉：背部–腹外斜肌–肩部。

器材：CLX 弹力带、健身垫。

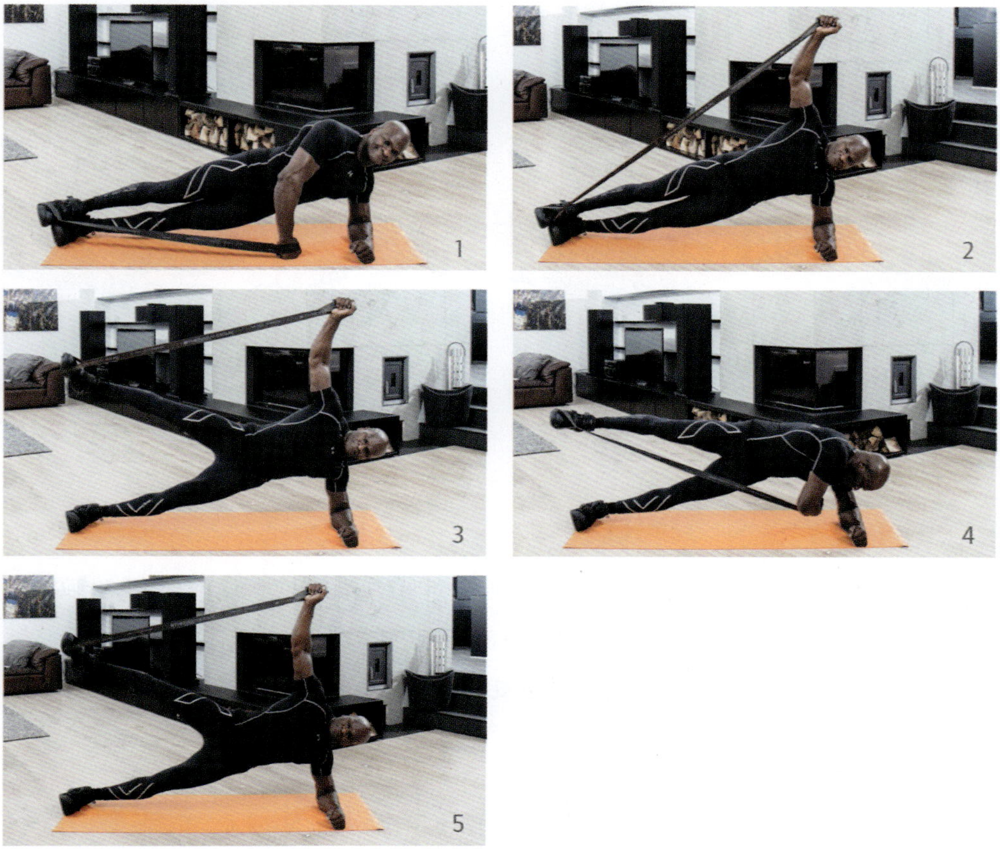

步骤：从侧平板位开始，左前臂和左脚着地。身体的其他部位不需要接触地板。将 CLX 弹力带套在脚上，确保它不会滑出。同时，将 CLX 弹力带的另一端握在右手中。右臂伸直水平指向旁侧并打开肩关节，抬起右腿，保持腿部肌肉收紧并向外侧展开，先将右臂旋转到与胸部在同一平面内。再继续旋转直到手臂位于地板和左侧躯干之间。回到起始位置，重复所需的动作次数。然后换另一侧练习。

练习 6：弹力带核心腹背训练 ★

训练肌肉：背部。

器材：轻磅弹力带、健身垫。

步骤：俯卧位，腹部紧贴地面。双手抓住轻磅弹力带，双臂向前伸展，将弹力带另一端固定在双脚下并伸直双腿，面朝下时，轻磅弹力带是在身体后侧。然后胳膊和腿同时抬离地面。回到起始位置并重复。

练习 7:稳定球侧伸展　★★

训练肌肉:背部–肩膀。

器材:稳定球、轻磅弹力带。

步骤:将右脚趾放在稳定球上。把轻磅弹力带一端踩在左脚下,另一端套在左手虎口处,所有手指应伸直。然后右腿在稳定球上做一个横向箭步,同时向左旋转。用右手伸展来增加阻力。回到起始位置后,轻微旋转和外展上臂远离躯干。同时仍然使用轻磅弹力带来保持左臂和躯干之间的阻力。在完成需要重复的次数后,换另一侧练习。

练习 8:实心球单手俯卧撑 ★★★

训练肌肉:腹肌–背部–肩膀–胸部。

器材:实心球。

步骤:将实心球放在胸部正下方,右手放在球上。保持核心肌肉收紧,吸气,尽可能地降低身体并在此位置停留,然后在呼气时向上将身体推到起始位置。臀部不要下降!保持头始终在相同的位置。然后尽力将左臂屈曲和后伸,保持 2~3 秒,核心肌肉收紧。左手放回地板上,回到起始位置,换另一侧练习。

注意:这项练习是非常高级的,所以只有掌握了基本的俯卧撑,一只手可以放在一个实心球上,才可以尝试这项练习。

练习9:踏步跳绳 ★★★

训练肌肉:腿部–肩膀–背部–手臂–胸部。

下半身:虽然小腿是跳跃的主要肌肉,但股四头肌、腘绳肌和臀大肌也会被激活,在起跳之初,通过前脚掌及脚趾蹬地以唤起后侧身体。臀大肌、腘绳肌和小腿参与练习。然后四头肌和臀大肌帮助控制跳跃,轻轻地用脚着地,而不是砰的一声撞在地板上。在起跳和落地阶段,膝关节应该稍微弯曲。

上半身:在跳绳时,肩膀和腹肌是上半身的力量肌肉,虽然手臂和手也有助于摆动绳子。背部和核心肌肉协同稳定上半身,上半身应该拉长且笔直,保持骨盆中立,而不是向前或向后倾斜。

器材:跳绳。

步骤:传统上,跳绳属于心血管运动。当跳绳时间持续较长时,可以帮助燃烧大量的卡路里。在跳绳训练中加入更短、更高强度的间歇性训练(特别是使用加重的跳绳),这样做的好处是可以得到更高的肌肉激活度,并在上半身和下半身动用更多的肌肉纤维。随着时间的推移,这会增加肌肉量,从而让身体更高效地燃烧卡路里。想想长跑运动员和短跑运动员体型的区别,就能很好地理解不同的跳绳训练给身体带来的不同结果。这项运动的工具非常便携。如果正在旅行或者健身包空间有限,带一根跳绳会很方便。人们在开始学习跳跃时会遇到一些困难。学习跳绳需要时间和精力,还要学习各种技巧,这就是为什么不会看到很多人在健身房跳绳,但人们都可以在机器上跳。学习跳跃是很有成就感的,它让人们保持专注力,并富于挑战性,有助于避免许多其他类型的心血管运动的单调练习所导致的无趣。花几块钱就可以买一根好用的跳绳。根据健康状况,每次连续跳1~2分钟。

1
2
3
4
5
6

上述 9 项练习，每周进行 2~3 次循环训练，每次 20~30 分钟。有两种不同的方法，一种是针对初学者的(表 3–5)，另一种是针对高级练习者的(表 3–6)。除非另有规定，否则练习之间的休息时间应该持续到需要改变姿势为止。这将确保循环训练是有效的。

表 3–5 初学者循环训练

练习	次数和组数	休息(秒)
练习 1：弹力带对角转体	2×15，每边	–
练习 2：弹力带侧步外展内收训练	3×15	30
练习 3：弹力带绕圈	3×20，每边	–
练习 4：泡沫轴上俯卧撑	3×20，每边	–
练习 5：CLX 弹力带侧板外展与转体	3×20，每边	–
练习 6：弹力带核心腹背训练	5×20	–
练习 7：稳定球侧伸展	4×20	–
练习 8：实心球单手俯卧撑	3×15，每只手臂	–
练习 9：踏步跳绳	3×1 分 30 秒	–
注意：休息 1~2 分钟，然后重复所有的练习		

上述9项练习旨在加强躯干、腿部和手臂肌肉。这些练习都可以在家里做。每项运动都需要力量训练,但大多数人仍然忽视它。在运动季节,这些运动应每周进行2次;而非运动季节,应每周进行3次。专业的教练会对练习的频次给出建议。

表3-6 高级练习者循环训练

练习	次数和组数	休息(秒)
练习1:弹力带对角转体	4×25,每边	–
练习2:弹力带侧步外展内收训练	4×25,每边	15
练习3:弹力带绕圈	4×25,每边	–
练习4:泡沫轴上俯卧撑	4×25,每边	–
练习5:CLX弹力带侧板外展与转体	4×25,每边	10
练习6:弹力带核心腹背训练	5×30	10
练习7:稳定球侧伸展	坚持30×,每边,25秒	–
练习9:踏步跳绳	4×2分钟	–
注意:休息1~2分钟,然后重复所有的练习		

3.4　格斗运动员

以下 8 种力量和稳定性练习适合于格斗运动员。

练习 1：CLX 弹力带推胸 1　★

训练肌肉：胸部–手臂。

器材：CLX 弹力带。

步骤：双脚前后分开站立，膝关节微弯曲。把 CLX 弹力带放在背后大约肩胛骨的高度。保持适合的阻力水平。然后将 CLX 弹力带固定在胸腔旁，肘部向两侧抬高。两侧前臂应该水平且向阻力方向倾斜。拉动 CLX 弹力带向前直到手臂伸直并且平行。当胸部或肩部感觉到轻微拉伸时回到起始位置，然后重复这个动作。

练习 2:CLX 弹力带推胸 2 ★★

训练肌肉:胸部-手臂-肩膀-腹肌。

器材:CLX 弹力带。

步骤:双脚前后分开站立,膝盖微弯曲。将 CLX 弹力带踩在前脚下。带子从脚到手是伸直的。保持最佳阻力水平。因为 CLX 弹力带是被固定在脚下,肩膀的肌肉将会更集中地参与这项运动。将 CLX 弹力带向前推,直到手臂伸直并彼此平行。当胸部或肩膀有轻微伸展感时,回到起始位置,然后重复这个动作。

练习 3:转体核心腹背训练　★★

训练肌肉:腹肌–背部。

器材:稳定球、实心球。

步骤:坐在稳定球上进行这项练习时,重要的是要记住不要坐在球的正上方,而是要坐到球的斜 15°位置。此外,膝关节必须弯曲 90°,双脚与肩同宽。在整个练习过程中,保持背部挺直,胸部向上,下巴与地面平行。把实心球举到与胸腔平行的位置,然后双手伸直向前,球不应太重。然后,稍稍向后倾斜,保持双臂在胸前伸直,从髋关节开始向后伸展。再慢慢转向右侧,依然保持球在胸前。接着把球举过头顶,保持手臂伸直,并且身体保持在后伸的位置。然后收紧上半身回到起始位置。最后把手臂放回到胸前与地面平行的位置。重复所需要的动作次数,再换另一侧练习。

练习 4：髋屈肌加强训练 ★★

训练肌肉：腿部。

器材：CLX 弹力带。

步骤：双腿前后分开站立。把 CLX 弹力带绕在后脚上固定于较低的位置或让搭档拉住弹力带且放低。抬起后侧腿，使大腿与地面平行并持续向上加强，开始强化训练髋屈肌。始终保持膝关节弯曲，把腿放回起始位置。重复所需的动作次数，然后换另一条腿。激活核心肌群和臀肌以确保姿势良好和骨盆稳定，不要将身体倾斜到站立腿的一侧。当做冲刺动作时，双臂与腿交叉摆动。

练习 5：单侧俯卧撑　★★★

训练肌肉：胸部–背部–肩膀–手臂。

器材：毛巾。

步骤：从手掌和脚掌撑地开始。确保手与肩同宽。把小毛巾叠放在手下。毛巾给胸和脊柱增加了不稳定性，迫使锻炼者强化核心肌群来保持稳定。左侧肩关节向外旋转 90°，将手侧向放置。左臂向外展开远离躯干，向下做俯卧撑。内收左臂，将手向内旋转 90°以回到起始位置，右臂重复这项练习，始终保持头颈部和脊柱在一条线上。

7

8

9

10

11

练习 6:土耳其式壶铃起身　★★★

训练肌肉:所有肌肉群。

器材:壶铃。

步骤:仰卧平躺,右手拿壶铃,手臂完全伸直,右膝微弯曲,脚掌撑地,拿壶铃的一只手臂始终保持伸直,用另一只手推地,坐起,然后缓慢移至膝盖着地,保持平衡,握紧壶铃再缓慢站起,按这个步骤退回到起始位置,重复动作所需的次数,然后再把壶铃换到另一只手上重复该动作。

7

8

9

10

11

12

13

练习 7：壶铃双摆跳　★★★

训练肌肉：所有肌肉群。

器材：壶铃。

步骤：站直，双脚与肩同宽。微微弯曲膝关节，臀部向后。双手握住壶铃，呈反手握。壶铃在两腿之间。把壶铃水平向前举到与胸部平行的位置，然后让它落回两腿之间。这样做两遍，然后在第三次挥动时，做一个增强式等长收缩跳跃，尽可能远跳，并确保在落地时膝关节弯曲。回到起始位置，重复练习。

练习 8:CLX 弹力带对侧弓步推 ★★★

训练肌肉:胸部-手臂-肩膀。

器材:CLX 弹力带。

步骤:将 CLX 弹力带置于身体后方的较高位置。站立,双脚分开与肩同宽,从两侧将 CLX 弹力带拉向胸侧,肘部向两侧高高抬起,前臂端平并向阻力方向倾斜,向前拉动 CLX 弹力带,两侧手臂交替进行,同时向前做弓箭步直至手臂完全伸直,当胸部或肩部感觉到轻微拉伸时,回到起始位置。CLX 弹力带的运动轨迹应稍呈弧线形,因为在伸展过程中,两手之间的距离会变小。

上述 8 项练习，每周进行 2~3 次循环训练，每次 20~30 分钟。有两种不同的方法，一种是针对初学者的（表 3–7），另一种是针对高级练习者的（表 3–8）。除非另有规定，否则练习之间的休息时间应该持续到需要改变姿势为止。这将确保循环训练的有效性。

表 3–7　初学者循环训练

练习	次数和组数	休息（秒）
练习 1：CLX 弹力带推胸 1	2×25	–
练习 2：CLX 弹力带推胸 2	3×20	10
练习 3：转体核心腹背训练	4×15，每边	–
练习 4：髋屈肌加强训练	4×20	–
练习 5：单侧俯卧撑	4×15，每边	–
练习 6：土耳其式壶铃起身	3×15，每边	–
练习 7：壶铃双摆跳	4×20	–
练习 8：CLX 弹力带对侧弓步推	4×15，每边	–
注意：休息 1~2 分钟，然后重复所有的练习		

对于所有的格斗运动员来说，进行力量、耐力、负重、跳跃、踢腿力量以及稳定的转体训练尤为重要。

表 3-8　高级循环训练

练习	次数和组数	休息（秒）
练习 1：CLX 弹力带推胸 1	4×25	–
练习 2：CLX 弹力带推胸 2	4×20	10
练习 3：转体核心腹背训练	5×15，每边	–
练习 4：髋屈肌加强训练	4×25	–
练习 5：单侧俯卧撑	4×20，每边	–
练习 6：土耳其式壶铃起身	4×20，每边	–
练习 7：壶铃双摆跳	4×30	–
练习 8 ：CLX 弹力带对侧弓步推	4×25，每边	–
注意：休息 1~2 分钟，然后重复所有的练习		

3.5　训练营的训练

这些训练营训练既可以在室内也可以在室外完成。

练习 1：登山跑　★★

训练肌肉：所有肌肉群。

器材：无。

步骤：从俯卧撑开始。手与肩同宽，脚与臀部同宽。保持头部与脊柱对齐，并始终保持身体成一条直线，呈俯卧撑姿势，单膝弯曲靠向胸部再完全伸直腿回到起始位置，然后将另一侧膝盖靠近胸部再伸直，两侧交替练习。就像你在原地跑步一样，完成你想要重复的次数。

练习2:波比运动 ★★★

训练肌肉:所有肌肉群。

器材:无。

步骤:站立,双腿分开与髋同宽,双臂放在身体两侧。蹲下,双手放在地板上。然后双腿向后跳成俯卧撑姿势。完成一个自重俯卧撑。接下来,跳回到蹲姿并立即垂直向上跳。再轻柔地落回地面,身体立直,沉肩。在整个运动过程中保持腹部收紧,头部与脊柱成一条线。在移动的过程中始终保持双腿平行,并且蹲起时不允许臀部下沉,在从蹲姿到跳跃过程中手臂可自然地随动作摆动以增加动力。然后重复整个练习。

练习 3:CLX 侧板上身转体 ★★★

训练肌肉:腹肌–腹斜肌–背部–肩膀。

器材:CLX 弹力带。

步骤:从侧板开始,左前臂和左脚贴在地板上。身体的其他部位不应该接触地板。将 CLX 弹力带套在脚上确保它不会滑落。右手握住 CLX 弹力带。右臂从肩关节向外侧伸直并指向正侧面。侧抬右腿,保持右腿肌肉收紧,腿部伸展。将右臂水平旋转至胸前,然后继续转动,直到身体的左侧和地板之间。回到起始位置,重复所需的次数,然后切换到另一侧练习。

练习 4:弹力带侧步外展 ★

训练肌肉:腿部-臀部。

器材:轻磅弹力带。

步骤:把轻磅弹力带套在两脚掌中间。轻磅弹力带紧贴身体两侧直到上臂的中间。肘部弯曲并从肩关节向外展约 80°,以支撑弹力带。左腿尽可能外展。因为轻磅弹力带的阻力作用,腿会立即内收,所以可采取相扑式的步态并稍微下蹲 40°或更深,如果需要的话,可回到起始位置。当左腿完成要求的重复动作次数后,右腿再做重复练习。

练习 5：实心球训练　★★★

训练肌肉：胸部－肩膀－肱二头肌－肱三头肌－背部。

器材：实心球。

步骤：将右手放在实心球上，球应在胸部正下方。保持核心肌肉收紧，吸气，尽可能降低身体。在底部停留，然后在呼气时将身体向上推到起始位置。不要放低臀部！头部应该始终保持在同一个位置。左右手交替进行，先把左手放在球上与右手重叠，再把右手放回地面于肩膀的正下方。保持核心肌肉收紧，吸气，尽可能地降低身体。在底部暂停，然后在呼气时将身体向上推到起始位置。臀部不可下沉！重复练习。

练习 6:对角线背部负重 ★★

训练肌肉:腹肌–肩膀–背部。

器材:轻磅弹力带。

步骤:站立,双脚稍微向两侧倾斜。把轻磅弹力带套在脚下,这样它就会从腿后一直延伸到臀部,沿着后背延伸到肩膀,越过肩膀,沿着手臂延伸到手。手臂与身体约成 15°。这样身体和轻磅弹力带之间就能保持很大的阻力,而且它不会从背部或臀部滑下来。把手臂举过头顶,然后沿着身体移动的方向轻轻转动躯干。斜向下旋转使握着轻磅弹力带的手与膝关节外侧相对。回到起始位置, 重复所需的动作次数。再完成对侧练习。

练习 7:肩部推举　★★

训练肌肉:肩膀–手臂。

器材:CLX 弹力带。

步骤:脚前后分开站立,把 CLX 弹力带放在后脚的中间。将手放在适合阻力水平的小环内。手臂向两侧打开,肘部弯曲 90°。将 CLX 弹力带向上拉并伸展过头顶。稍微向阻力方向倾斜,这样阻力将作用在头部后侧。确保背阔肌、臀部和腹肌收紧以增加稳定性。完成想要重复的动作次数,然后换另一侧腿,让另一只脚在前面,重复这个动作。

练习 8：CLX 弹力带对角线训练 ★★

训练肌肉：腹肌–背部。

器材：CLX 弹力带。

步骤：这个练习需要一个搭档。如果没有搭档，那么必须有合适的固定器械。拉着 CLX 弹力带的搭档应该尽可能地把它举高。与搭档或门成 90°。将双脚分开站立，抬起离 CLX 弹力带近的脚后跟。双手交握抓住 CLX 弹力带并伸直手臂，通过旋转躯干和弯曲膝关节将弹力带从左肩上方斜向下拉到右肩下方。在整个过程中保持手臂伸直，然后回到起始位置，在另一侧重复这个动作。完成所需的练习次数。

1

2

3

上述 8 项练习，每周进行 2~3 次循环训练，每次 20~30 分钟。有两种不同的方法，循环训练 2 比循环训练 1 的强度略大（表 3–9 和表 3–10）。练习之间的休息时间，除非另有规定，否则应该持续到需要改变姿势为止。这将确保循环训练的有效性。

表 3–9 循环训练 1

练习	次数和组数	休息（秒）
练习 1：登山跑	30 秒	30
练习 7：肩部推举	15×	30
练习 8：CLX 弹力带对角线训练	10×每边	30
练习 2：波比运动	30 秒	30
练习 6：对角线背部负重	10×	30
练习 5：实心球训练	10×每边	30
练习 4：弹力带侧步外展	10×每边	30
练习 3：CLX 侧板上身转体	10×每边	30
注意：休息 1~2 分钟，然后重复所有的练习		

当使用这 8 项练习时，训练营训练是耗时少且有效的。这是一种高强度的锻炼，在最短的时间内给锻炼者带来最大的益处。总的说来，训练营训练被设计成一种功能性循环训练，可以单人练习，也可以小组练习。

表 3-10 循环训练 2

练习	次数和组数	休息(秒)
练习 1:登山跑	45 秒	15
练习 7:肩部推举	45 秒	15
练习 8:CLX 弹力带对角线训练	20	15
练习 2:波比运动	20×每边	15
练习 6:对角线背部负重	20×每边	15
练习 5:实心球训练	20×每边	15
练习 4:弹力带侧步外展	15×每边	15
练习 3:CLX 侧板上身转体	20×一侧到另一侧	15
注意:休息 1~2 分钟，然后重复所有的练习		

3.6　混合训练

练习 1:5°侧弓步　★★

训练肌肉:所有肌肉群。

器材:有氧健身杆。

步骤:双脚分开与髋同宽站立。将有氧健身杆放在杠杆臂上。上臂与地面平行,小臂与大臂成 90°,这样会形成一个适当的固定阻力。像在表盘上绕圈移动一样,做弓步练习:第一步跨到 1 点钟位置,第二步跨到 5 点钟位置,第三步跨到 7 点钟位置,最后到 11 点钟位置。为了获得一个良好的神经本体感受效果,可以加快弓步,或者从不同的时间开始改变弓步。

1
2
3
4
5
6

练习 2:CLX 弹力带踢腿 ★★★

训练肌肉:腹肌–腿部。

器材:CLX 弹力带、健身垫。

步骤:仰卧在垫子上。把 CLX 弹力带套在双脚上。双手放在身体两侧,掌心朝下。抬起一条腿,在自身柔韧性允许的范围内尽量保持伸直。试着让腿垂直于地板。落下腿并迅速地抬起另一条腿,交替进行。始终保持向上看以防止下巴靠向胸腔。在整个动作过程中,保持沉肩,背部平放在垫子上。根据不同的强度改变踢腿的速度和高度。

3

4

5

6

练习 3：实心球 180°转体弓箭步 ★★★

训练肌肉：背部–手臂–肩部–腹肌。

器材：实心球。

步骤：站立时双脚与肩同宽。用躯干带动实心球转向右侧。向前跨弓步，同时将球举过头顶，旋转躯干，沿原路将躯干和手臂返回至正中，并顺势转向弓步腿一侧，把实心球一直送到弓步腿的大腿或膝盖的位置。

4
5
6
7
8
9

练习 4:高阶迷你球仰卧扭转　★★

训练肌肉:腹肌。

器材:迷你球。

步骤:仰卧于垫子上,双臂向两侧伸展,抬起双腿,膝关节略弯曲。用脚踝夹住迷你球。保持迷你球不动的同时,将双腿落向身体一侧直到大腿外侧触地。把腿抬回到起始位置,在另一侧重复动作。交替练习,重复所需要的动作次数。

5

6

7

8

9

10

11

12

练习5:稳定球两头起　★★★

训练肌肉:腹肌。

器材:稳定球、健身垫。

步骤:仰卧在垫子上,双臂举过头顶。用脚踝夹住稳定球。保持稳定球不动,抬腿向上同时抬起上半身直至触到腿和稳定球,把球传到手上。双手夹球回到起始位置,重复这个动作,把球从手传到脚踝,如此反复直至完成规定次数。

7

8

9

10

11

12

练习 6:泡沫轴屈膝俯卧撑　★★

训练肌肉:腹肌–胸部–肩部–臀部。

器材:泡沫轴。

步骤:双手分开,放在泡沫轴上,与肩同宽,呈俯卧撑的姿势,通过弯曲和伸展肘部来做俯卧撑。弯曲膝盖至胸腔位置,然后向后伸展。换另一侧的腿做同样的屈伸动作。重要的是将腿在离心位置保持约 5 秒。回到起始位置重复练习。

练习 7:泡沫轴单臂交叉 ★★★

训练肌肉:腹肌–斜腹肌。

器材:泡沫轴。

步骤:将脊柱放在泡沫轴上,成仰卧位。确保颈部和头部是安全的。左臂放于躯干旁侧,右臂举过头顶,大臂靠近右耳。保持背部贴在泡沫轴上,伸直左腿,左脚后跟离地,同时屈右膝,右脚离地。将躯干向对侧旋转并弯曲,保持下巴内收且向上伸展,左手贴地,稍稍往对侧方向摆动右手臂,右臂肘关节触碰左膝。返回起始位置,重复至规定所需的次数之后,再换另一侧继续练习。

练习 8:CLX 弹力带与迷你带开合跳　★★★

训练肌肉:所有肌肉群。

器材:CLX 弹力带、迷你带。

步骤:将弹力带固定在高处。站立时,双腿和双脚并拢,将迷你带置于膝盖上方。于臀部两侧拉住 CLX 弹力带。轻轻跳跃,两腿分开约与肩同宽,同时将手臂举过头顶。落地后,立即再次跳跃。将腿和手臂放回初始位置,不间断地重复。保持核心肌肉收紧,头部与脊柱对齐。根据不同的强度水平,改变动作的速度和跳跃的高度。

1

2

3

4

5

6

上述 8 项练习，每周进行 2~3 次循环训练，每次 20~30 分钟。有两种不同的方法，循环训练 2 比循环训练 1 的强度略大(表 3–11 和表 3–12)。练习之间的休息时间应该持续到需要改变姿势为止。这将确保循环训练的有效性。

表 3–11　循环训练 1

练习	时间(秒)	休息(秒)
练习 8:CLX 弹力带与迷你带开合跳	15	15
练习 2:CLX 弹力带踢腿	15	15
练习 5:稳定球两头起	15	15
练习 4:高阶迷你球仰卧扭转	15	15
练习 6:泡沫轴屈膝俯卧撑	15	15
练习 7:泡沫轴单臂交叉	15	15
练习 3:实心球 180°转体弓箭步	15	15
练习 1:5°侧弓步	15	15
注意:休息 1~2 分钟，然后重复所有的练习		

当做这 8 项运动时，混合训练耗时少且效率高。它是一种高强度、复杂的锻炼，在最短的时间内带来最大的益处。总的来说，体能训练被设计成一种功能性循环训练，可以单人练习，也可以小组练习。

表 3-12　循环训练 2

练习	组数和时间	休息(秒)
练习 8:CLX 弹力带与迷你带开合跳	45 秒	15
练习 5:稳定球两头起	45 秒	15
练习 2:CLX 弹力带踢腿	45 秒	15
练习 4:高阶迷你球仰卧扭转	20×每边	15
练习 3:实心球 180°转体弓箭步	10×每边	15
练习 1:5°侧弓步	10×每边	15
练习 6:泡沫轴屈膝俯卧撑	10×每边	15
练习 7:泡沫轴单臂交叉	10×每边	15
注意:休息 1~2 分钟,然后重复所有的练习		

3.7　高强度间歇训练

练习 1：稳定球三头肌推举　★★★

训练肌肉：肩部–手臂。

器材：稳定球。

步骤：背对稳定球站立。把手放在臀部后面的球上并稍微向旁侧倾斜。这样可以减轻手腕的压力。稳定并收缩手臂、背部和腿部肌肉，移动到只有双手能触碰到球的位置，然后弯曲肘部，将你的身体向下移动，用你的手臂、腿和核心来支撑身体重量。然后回到起始位置重复练习。

Team
Lamar
5

Team
Lamar
6

7

8

Team
Lamar
9

10

Team
Lamar
11

练习 2：CLX 弹力带登山跑　★★★

训练肌肉：臀部–背部–肩部–腹肌。

器材：CLX 弹力带。

步骤：把阻力强度合适的 CLX 弹力带套在双脚上，另一端卡在双手虎口处，面部朝向地面成俯卧姿势。这个位置将保持 CLX 弹力带稳定，使其静止。从俯卧撑开始，双手与肩同宽，双脚与髋同宽。保持头部与脊柱对齐，身体笔直。停留在俯卧撑的位置，移动膝盖使其靠近胸部，再将腿向后伸，双腿交替进行，就像你在跑步一样。然后重复所需的次数。

5

6

7

8

9

10

11

练习 3：跳绳 ★★★

训练肌肉：所有肌肉群。

下半身：虽然小腿是跳跃的主要肌肉，但股四头肌、腘绳肌和臀大肌也会被激活。在起跳之初，通过前脚掌及脚趾蹬地以激活身体的后侧。臀大肌、腘绳肌和小腿参与活动。然后四头肌和臀大肌帮助控制跳跃，轻轻地用脚着地，而不是"砰"地撞在地板上。在起跳和落地阶段，膝关节应该稍微弯曲。

上半身：在跳绳时肩部和腹肌是上半身的力量肌肉，不过手臂和手也有助于摆动绳子。背部和核心肌肉协同稳定上半身，上半身应该伸展且保持直立，骨盆位于中立位，而不要向前或向后倾斜。

器材：跳绳。

步骤：跳绳是一种高强度的运动，长期以来一直是拳击手、职业运动员和那些想提高有氧耐力水平的人的主要活动。除了通过激活上半身和下半身的大量肌肉群来锻炼肌肉外，跳绳还能燃烧卡路里。根据个人的健康水平，锻炼者可不间断地跳绳 1~2 分钟。

1

2

3

4

练习 4：稳定球扭转　★★

训练肌肉：腹肌–肩部–背部–胸部。

器材：稳定球。

步骤：从俯卧撑位置开始，双脚放在稳定球上，双手的手掌撑地。把腿和脚搭在可以牢牢压住稳定球的位置。保持脊柱挺直，轻轻收缩腹部。从骨盆开始轻微扭转，骨盆、大腿和双腿作为一个整体来运动。在不移动肩膀的情况下，尽可能大幅度地向左向右滚动，但要注意保护从肩膀到膝盖的核心肌群。当锻炼者适应了这项运动后，再试着提高速度。

练习 5:CLX 弹力带开合跳 ★★★

训练肌肉:腹肌–背部–肩部–腿部。

器材:CLX 弹力带。

步骤:将 CLX 弹力带置于身后并在高位固定。双脚并拢站立。双手握住 CLX 弹力带,放在臀部两侧。轻轻跳跃,使双腿向外展开大约与肩同宽,同时将手臂从两侧向上抬起。落回地面后,立即再次跳跃。将腿和手臂恢复到初始位置,连续地重复该动作。保持核心肌肉收紧,头部与脊柱在一条直线上。根据不同的强度水平,改变动作的速度和跳跃的高度。

练习 6:稳定球壶铃侧抬臂 ★★★

训练肌肉:肩部-背部。

器材:壶铃、稳定球。

步骤:侧卧在一个稳定球上,一只脚的外侧着地,另一只脚叠放在它上面来挑战平衡力。中立位握住壶铃,将壶铃放在稳定球的旁侧。将一只手搭在稳定球上以保持平衡,另一只手放在稳定球前方,以进一步稳定身体。通过充分伸展手臂,将壶铃举到垂直于身体的位置。保持一会儿该姿势,然后回到起始位置。重复所需要的动作,然后换另一侧练习。

1

2

3

4

5

练习 7:从壶铃侧步到相扑蹲　★★★

训练肌肉:所有肌肉群。

器材:壶铃。

步骤:双脚分开与肩同宽。下蹲并拿起放在两脚之间的壶铃。双手握住壶铃时,把壶铃举到胸前。再次下蹲,保持低位并向侧面跨一步。然后一条腿接一条腿地跪在地上,再一条腿接一条腿地回到相扑蹲,在相扑蹲暂停片刻。站起来,回到起始位置,重复上述动作。确保两侧都重复了同样多次数。

7

8

9

10

练习8:稳定球屈膝内收　★★★

训练肌肉:所有肌肉群。

器材:稳定球。

步骤:从平板支撑的位置开始,将腿放在稳定球上,直腿后伸,沉肩。双手撑地向前移动,让平衡球位于双膝或脚背下方,这取决于锻炼者想要的练习难度。当拉动平衡球向胸腔方向运动时,向上抬臀。球体应该随身体一起滚动,这样有助于保持稳定。然后回到起始位置,重复练习。

上述 8 项练习，每周进行 2~3 次循环训练，每次 20~30 分钟。有两种不同的方法，循环训练 2 比循环训练 1 的强度略大(表 3–13 和表 3–14)。练习之间的休息时间应该持续到需要改变姿势为止。这将确保循环训练的有效性。

表 3–13　循环训练 1

练习	组数和时间	休息(秒)
练习 1：稳定球三头肌推举	10×	30
练习 2：CLX 弹力带登山跑	30 秒	30
练习 4：稳定球扭转	30 秒	30
练习 5：CLX 弹力带开合跳	30 秒	30
练习 7：从壶铃侧步到相扑蹲	30 秒	30
练习 3：跳绳	30 秒	30
练习 8：稳定球屈膝内收	30 秒	30
练习 6：稳定球壶铃侧抬臂	30 秒	30
注意：休息 1~2 分钟，然后重复所有的练习		

表 3-14 循环训练 2

练习	组数和时间	休息(秒)
练习 2:CLX 弹力带登山跑	45 秒	15
练习 5:CLX 弹力带开合跳	45 秒	15
练习 1:稳定球三头肌推举	20×	15
练习 4:稳定球扭转	45 秒	15
练习 8:稳定球屈膝内收	45 秒	15
练习 7:从壶铃侧步到相扑蹲	45 秒	15
练习 6:稳定球壶铃侧抬臂	45 秒	15
练习 3:跳绳	45 秒	15
注意:休息 1~2 分钟,然后重复所有的练习		

3.8　腿、手臂和核心训练

为了开展更全面的身体训练，以下练习将针对更具体的身体部位，这些部位包括腿、手臂和核心。

练习 1：实心球训练　★★

训练肌肉：胸部–手臂–肩部–背部。

器材：实心球。

步骤：将实心球置于胸腔正下方，右手放在球上。双膝放在枕头或抱枕上。保持核心收紧，吸气时身体尽可能地下降。在最低的位置停住，然后在呼气时将身体推至起始位置。注意整个过程中臀部不要下落！头也要始终保持在同一位置。换另一侧时将双手同时放在球上，然后把右手放到肩部下方的地面上，左手保持不动。保持核心收紧，吸气时身体尽可能下降。在最低的位置停住，然后在呼气时推起身体回到起始位置。注意整个过程中臀部不要下落！重复上述练习。

3

4

5

6

7

8

9

练习 2：实心球单手俯卧撑 ★★★

训练肌肉：手臂-背部-腹肌-肩部。

器材：实心球。

步骤：将实心球置于胸腔正下方，右手放在球上。保持核心收紧，吸气时身体尽可能下降。在最低的位置停住，然后在呼气时回到起始位置。注意整个过程中臀部不要下落！头也要始终保持在同一位置。接着将左手抬离地面，从伸直变为屈曲，再到后伸，达到自己能做的最大幅度，并保持 2~3 秒钟，核心仍然收紧。一侧重复练习完目标次数后，再换另一侧练习。

注意：这是个高阶练习，只有当锻炼者掌握了实心球上的常规俯卧撑后才能进行。

3

4

5

6

7

练习 3:泡沫轴屈体　★★★

训练肌肉:腹肌。

器材:泡沫轴。

步骤:仰卧位,将脊柱放在泡沫轴上。确认头颈在同一条线上且稳定。左手臂于体侧着地,右手稍微靠近头侧。整个后背平躺在轴上,双腿伸直,脚后跟着地,屈膝靠近身体做屈体卷腹,始终保持下巴指向上方且左手着地。然后向前伸展双腿,向后伸展手臂,重复以上练习。一侧完成目标次数后,再开始另一侧的练习。

5

6

7

8

9

10

11

12

练习4:泡沫轴对角线卷腹 ★★★

训练肌肉:腹肌。

器材:泡沫轴。

步骤:将脊柱放在泡沫轴上,仰卧位。确认头颈在同一条线上且稳定。左手臂于体侧着地,右手置于耳旁。整个后背平贴在轴上,伸直左腿,左脚后跟离地。屈右腿,右脚后跟离地。然后躯干向对角线方向扭转并屈曲,右肘触左膝,然后回到起始位置,重复练习。一侧完成目标次数后,再开始另一侧的练习。

1

2

3

4

5

6

练习 5：稳定球腿弯举　★★★

训练肌肉：腿部。

器材：稳定球、健身垫。

步骤：仰卧在地面上，小腿放在稳定球上。双手臂放在身体两侧，稍稍离开身体向外打开。提臀，下腰背离地。从髋部开始屈曲左腿向上，至与地面成60°角的位置，髋部保持平直，屈右腿，右脚后跟向后滑动，右脚带动稳定球向前滚动。身体落回起始位置，伸直右膝，左腿落回球上。一侧完成目标次数后，再开始另一侧的练习。整个过程中，始终保持髋部平直。脚踝背屈能减少腓肠肌运动不充分，使其能够辅助膝关节屈曲。

5

6

7

8

9

练习6：实心球蹲掷　★★

训练肌肉：腿部。

器材：实心球。

步骤：在身体前方握住实心球，向下深蹲。从深蹲开始，向上跳并将实心球掷过头顶，接住实心球，回到起始位置并重复。

3

4

练习 7：稳定球三头肌推举　★★★

训练肌肉：手臂。

器材：稳定球。

步骤：背对稳定球站立。把手稍微斜放在稳定球上。这样可以减轻手腕的压力。稳定并收缩手臂、背部及腿部肌肉，然后缓慢移动向前离开球直到只有手触球。通过弯曲肘部来降低身体，用手臂、腿和核心支撑身体重量。回到起始位置并重复。

4

5

6

7

8

9

10

11

12

上述 7 项练习，每周进行 2~3 次循环训练，每次 20~30 分钟。有两种不同的方法，循环训练 2 比训练 1 的强度略大（表 3-15 和表 3-16）。练习之间的休息时间应该持续到需要改变姿势为止。这将确保循环训练的有效性。

表 3-15 循环训练 1

练习	次数和组数	休息（秒）
练习 1：实心球训练	10×每边	30
练习 2：实心球单手俯卧撑	10×每边	30
练习 3：泡沫轴屈体	10×每边	30
练习 4：泡沫轴对角线卷腹	10×每边	30
练习 5：稳定球腿弯举	10 组	30
练习 6：实心球蹲掷	10 组	30
练习 7：稳定球三头肌推举	10 组	30
注意：休息 1~2 分钟，然后重复所有的练习		

表 3-16　循环训练 2

练习	次数和组数	休息（秒）
练习 1：实心球训练	20×	15
练习 2：实心球单手俯卧撑	20 每边	15
练习 3：泡沫轴屈体	20 每边	15
练习 4：泡沫轴对角线卷腹	20 每边	15
练习 5：稳定球腿弯举	20 每边	15
练习 6：实心球蹲掷	20×	15
练习 7：稳定球三头肌推举	20×	15
注意：休息 1~2 分钟，然后重复所有的练习		

第 4 章 如何更好地选择食物

“吃土豆,你会感觉很饱。”这是我妈妈经常说的话。她每天都亲自做饭。我们经常吃肉(我父亲喜欢吃肉和丰盛的食物),但星期五我们吃鱼。通常我们吃蔬菜或沙拉和土豆。值得一提的是,意大利面是我们小时候都很喜欢吃的食物。我们每天都一起吃饭,除了早餐,因为我父亲总是埋头看报纸,而我母亲要忙着为 3 个孩子准备学校的午餐。我们一边吃,一边谈论我们的一天。我们的午餐盒里总有新鲜的水果。

“肉提供生命能量!”20 世纪 70 年代,这个曾经的广告口号由农业营销公司创造并流行起来,与目前正在进行的有关胆固醇的辩论形成了鲜明对比。像 Ancel Keys 这样的科学家发表了诸如“高胆固醇的肉类、蛋类和黄油饮食是导致冠心病和心脏病发作的原因”。这样的说法加深了我们对饮食的愧疚感。

在 20 世纪 70 年代,我叔叔因心脏病过早去世后,我们就只用人造黄油代替黄油作为可涂抹的脂肪。我们越来越多地听到这样的话:“不要吃那么多肉;这是不健康的,而且胆固醇过高。”

20 世纪 80 年代,在我学习生态营养学的时候,我有了自己的家庭。和众多学员一样,我的饮食也是基于全食物营养的原则,也就是说几乎不吃肉。我了解到,科学是与时俱进的,需要不断从新的发现中加以思考。

在20世纪90年代,我们开始听到第一批关于“胆固醇谎言”的声音,人们开始意识到,昨天的发现也可能被今天证实是错误的。

“正确的饮食。”有这样的事吗?应遵循哪些建议呢?

几十年来,医生们不断警告人们谨慎过度食用含有胆固醇的食物,2015年,美国做出了一个180°的大转变,将这段话从他们的膳食指南中删除。德国营养学会(German Nutrition Society)在2015年修订了他们的脂肪指南,并写道:“只要通过观察长期体重恒定因素来控制能量摄入,就没有必要减少脂肪摄入量。”

几十年来,专家们对营养的建议是吃低脂肪和注意热量。低脂和低热量(轻)产品的消费确实增加了,但人们的体重仍在稳步增加。在德国,超过1/2的成年人(52%)超重。男性比女性更容易受到影响,62%的男性体重超标,43%的女性超重。

在美国,超重人口的比例从1960年的略高于40%上升到75%以上。(自1997年以来,美国肥胖人口的比例从19%上升到大约34%。)在全球范围内,每3个人就有1个人超重。

富裕的现代人往往因不健康的饮食(但不完全是)引起超重或肥胖,并患有代谢紊乱疾病,如高血压、糖尿病、脂肪代谢紊乱、心血管疾病,这些疾病被认为可能是由超重引发的继发性疾病。

时至今日,超重和肥胖仍然是通过BMI来定义的。任何一个人只要BMI在25~29.9都被认为是超重。BMI值达到30或更高则表明是过度肥胖或肥胖症。

体重指数(BMI)指的是体重与身高的关系,计算公式如下:

体重(kg)/身高的平方(m^2)

关于BMI需注意:BMI(体重指数)只是一个粗略估计。例如,肌肉密度高的人也会在不肥胖的情况下有较高的BMI。BMI并没有提供关于身体脂肪分布的相关信息。腹部脂肪过多就是一种特殊的健康风险。因此,许多专家提出通过分析腰高比(WHR)来提供更有意义的数据。这个数值应小于0.5(老年人为0.6)。

人们认为最适合健康成年人的数值为:年龄在25~50岁,BMI中值为22,男性每日摄入2300大卡能量,女性摄入1800大卡能量(德国营养学会,2015)。

运动员或从事重体力劳动者肯定会对此提出异议。因为BMI并没有告诉我们关于身体的构成,肌肉密度或脂肪在身体中的分布比例。而后者对评估个人健康风险至关重要。

每天的基础代谢率(基本能量需求)可以用这个简单的公式来计算

男性:每千克体重每小时 1 千卡。

女性:每千克体重每小时 0.9 千卡。

能量需求:从 30 岁开始,基础代谢率每年下降约 3%。我们必须始终考虑到身体成分。一般规律是,肌肉质量越大,基础代谢率越高。这个原因很简单。肌肉组织的代谢率要比脂肪高得多。

那么什么是正确的饮食呢?一个人应该遵循哪些建议来保持苗条、健康和更有创造性呢?从来没有像今天这样有这么多的选择,但同时也有许多困惑。多吃或少吃肉;素食主义者,还是纯素食主义者?多吃还是少吃面包、意大利面和土豆?哪些脂肪是正确的,应该摄入多少脂肪?

素食主义者:以素食为主,拒绝动物产品,如肉类、肉制品,通常还包括鱼类。食用牛奶、奶制品和鸡蛋以保持饮食营养均衡。

鱼素者:除了素食,也吃鱼。

纯素食主义者:拒绝所有的动物产品,包括蜂蜜,也不穿用动物产品制成的衣服,如羊毛、皮革和丝绸。

致力于饮食健康或营养均衡有时会很复杂。互相矛盾、不断变化的各种推荐,以及商店里的大量商品,如不断出现的新食品、饮料和营养补充剂迷惑着消费者,还有关于腐烂的肉类和食品丑闻的报道更是让情况变得复杂。

如今的食物通常含有很高的热量。在我们还没有吃饱之前,已经摄入了比实际所需要的更多的卡路里。我小时候吃过的土豆,现在仍然是喜闻乐见的消费品。不过有别于传统的煮土豆,取而代之的是薯片、炸薯条或炸土豆丸子等。一旦涉及饮食,人就容易失去本能。

均衡的饮食意味着健康、健美和创造力。但什么是均衡饮食呢?

我们的营养专家给我们提供官方建议。德国营养学会在膳食指南中给出营养参考值。根据德国专家的说法,人们应该摄入大量的碳水化合物,即至少占总能量摄入的 50%(GNS 50%~60%),适量的蛋白质(0.8g/kg 体重)或总能量摄入的 10%和少量的脂肪,最高消耗卡路里的 30%*。在食品工业中,轻、低脂肪或低热量产品的供

* 德国营养学会:膳食指南营养参考。

应是巨大的。但是人们的体重趋势却令人担忧。有没有可能我们目前的膳食指南已经过时了,而新的调查结果却没有被重视?

在美国,从 20 世纪 70 年代开始,人们每天从脂肪中摄取的热量从 45%下降到了 34%。碳水化合物的平均摄入量从 39%上升到 51%。这直接导致了每天增加 250 千卡,与此同时,人们的身体活动却越来越少。

营养的构成

我们的营养是由不同的成分组成的。对于主餐,我们通常从每种成分中选择一种。我们注重富含水分的食物,如蔬菜和水果,结合蛋白质,如鱼、肉、乳制品和鸡蛋。我们补充全谷物——以个人生活方式为基础,如面包、意大利面或薯类,但要适量,再加上黄油、优质油或坚果这样的脂肪来将膳食补充完整。

4.1　碳水化合物

什么是碳水化合物?

- 碳水化合物和蛋白质及脂肪一样,都是人体最主要的营养素之一。
- 每克碳水化合物提供 4 千卡热量。
- 碳水化合物能快速提供能量。
- 碳水化合物主要来自谷物制品、薯类和甜品。

面包、薯类、意大利面和甜品的淀粉中的碳水化合物能快速提供能量。简单地说,淀粉是多种葡萄糖的聚合物。

肌肉和大脑通常是将碳水化合物转化成葡萄糖的主要消耗者。

我们必须吃碳水化合物吗?

因为我们的身体能够在新陈代谢过程中生成葡萄糖, 所以我们基本上不依赖食物中的碳水化合物。

吃了富含碳水化合物的食物后，身体会发生哪些变化？

当淀粉经过我们的消化系统时，它被分解成葡萄糖。葡萄糖被重新吸收到血液中(我们可以用血糖的增加来衡量)，再由血液输送到肌肉细胞和脑细胞，并用于能量生产。

我们需要胰岛素作为进入体细胞的“开门器”。当我们吃碳水化合物时，胰腺分泌的这种激素就会活跃起来，饭后血糖水平也会升高。但是我们的肌肉细胞只能吸收有限的葡萄糖。这种变化取决于不同的生活方式。肌肉细胞燃烧的能量越多，葡萄糖就被吸收得越多。这意味着那些经常运动、日常比较活跃的、有训练的或从事体力劳动的人需要更多碳水化合物形式的能量供给，他们会消耗更多的碳水化合物。一个人开车上班，乘电梯，整天坐在办公桌前，在沙发上看电视，一天结束时肌肉消耗的能量微乎其微。一旦肌肉的葡萄糖吸收能力被耗尽了，消耗掉的碳水化合物会以葡萄糖的形式在肌肉细胞外累积。这里只有一个出路：脂肪细胞。在胰岛素的帮助下，多余的糖被输送到脂肪细胞，转化为脂肪，并以腰间赘肉的形式储存起来，以备不时之需。

那些吃大量碳水化合物的人通过调节新陈代谢来储存脂肪。胰岛素促进脂肪堆积，同时也阻碍脂肪减少。胰岛素是一种脂肪储存激素，或者简单地说，是一种“脂肪激素”。

不经常锻炼和超重的人一样，尤其是那些腰围较大的人，应该少吃碳水化合物(低碳水化合物饮食)。在这些人群中，胰岛素的效率通常较低(胰岛素抵抗)，这导致胰腺必须释放更多的胰岛素，以完成机体代偿。对于超重的人，这种高胰岛素释放导致脂肪激素发挥了很好的作用，造成额外的脂肪储存(体重增加)，使减肥变得困难。压力、睡眠不足和更年期女性都应该低碳水化合物饮食。但对于瘦的、没有腹部脂肪的人来说，食用面包、意大利面和薯类不会受到限制

一般来说，优先选择的应该是“慢”碳水，可以更慢地进入血液中，比如全谷物制品，当然，还有富含水分的碳水化合物，比如蔬菜。

这里有一个减少食用碳水化合物的简单方法(表 4–1)。

表 4-1 碳水化合物替代品

不是	最好是
与水混合的果汁	水配水果片
1 片白面包(2 盎司*)	一片薄全麦面包(1 盎司)
4 盎司的煮面条	2 盎司面条+2 盎司蔬菜意大利面
1 盎司牛奶什锦早餐	1 盎司坚果碎
5 盎司水果酸奶	5 盎司普通酸奶+新鲜水果
果酱	果盘
牛奶巧克力	微甜巧克力

* 注:1 盎司约为 28.35g。

小贴士:富含淀粉和糖的碳水化合物应尽量少吃,以获得尽可能少的脂肪储存激素。优质的碳水化合物,如全麦食品、天然大米或全麦面都是不错的选择,但也都需要有节制地摄入。它们进入血液的速度更慢,并释放更低的胰岛素反应。应避免从软饮料和甜食中获取快碳,一般来说,糖(包括果糖)越少摄入越好。

举例：一天的低碳水化合物减肥菜单

早餐

- 1 片全麦面包(19g 碳水化合物)
- 2 盎司火腿(0g)
- 咖啡+3 盎司牛奶(5g)
- 1 个甜椒(11g)
- 1 茶匙黄油(–)

总计：35g 碳水化合物。

午餐

7 盎司牛排(0g)

11 盎司菠菜(2g)

2 茶匙橄榄油(0g)

加餐

1 片奶酪(0g)

1 个苹果(14g)

总计：16g 碳水化合物。

晚餐

2 个鸡蛋卷(1g)

9 盎司番茄黄瓜沙拉(4g)

1 茶匙黄油(0g)

1 茶匙菜籽油(0g)

1 个猕猴桃

总计：10g 碳水化合物。

每日总碳水化合物为 61g。

4.2 蛋白质

什么是蛋白质?

蛋白质是人体内源性蛋白质产生的必要物质。它们包括:

- 酶;
- 荷尔蒙;
- 肌肉;
- 结缔组织。

每1g的膳食蛋白质提供4千卡的热量,这对人类来说是至关重要的。身体必须从食物中摄取蛋白质,因为身体本身不能产生氨基酸(构成蛋白质的微小单元)。

我们从哪里获得蛋白质?

蛋白质来源包括鱼类、瘦肉、鸡蛋、奶制品(牛奶、芝士、原味酸奶、白软干酪),以及豆类等植物蛋白质。蛋白质来源应该多样化,并且每餐食用,甚至在零食中也可有蛋白质。有个不错的选择是白软干酪或原味酸奶加一点水果或生菜做沙拉。

蛋白质是重要的食物

蛋白质让我们有饱腹感,抑制血糖水平上升。当蛋白质摄入量上升同时碳水化合物摄入量下降时,血糖水平就不会在餐后上升很多。这是一种保持胰岛素水平相对较低(少量脂肪激素)的方法,从而降低脂肪储存率。同时,我们不那么饿了,或者更确切地说,不太容易感到饿,因为我们的血糖波动较小。

素食者通过乳制品、鸡蛋和豆类(植物蛋白)为身体提供必需的蛋白质。纯素食者则需要大量相关知识不断实践和努力尝试。对纯素食者来说,好的蛋白质来源主要是豆类(也可以是豆芽)。作为一个纯素食者,满足人体每日所需的蛋白质是困难的。儿童和孕妇不建议吃纯素食。维生素 B_{12}、维生素D、钙和碘等补充剂对纯素食者来说是必不可少的[*]。

---

[*] 来自2016年4月的营养调查。

大量的现成素食食品和肉类替代品的分销，劣质的原材料和大量的添加剂使得这些产品受到人们的质疑。

小贴士：在每餐中补充蛋白质，例如，早餐时吃奶酪、加餐选原味酸奶、肉类(饲养的适宜品种的优质肉类，最好草食)、鱼类(最好是有机养殖的)、鸡蛋或主食里加入豆类。应该避免像冷盘或快餐这样的重加工食物，因为除了许多添加剂外，它们通常含有糖和果糖等不良成分。

4.3 脂肪

什么是脂肪?

膳食脂肪是重要的能源供应者。脂肪的能量值是碳水化合物和蛋白质的 2 倍多。每克脂肪所产生的能量约为 9 千卡，它是主要营养素中最高的(蛋白质和碳水化合物只有 4kcal/g)。脂肪也是各种体细胞的一个组成部分，作为脂溶性维生素的良好溶剂，也是各种食物的风味和香气的提供者。

脂肪必须和食物一起食用。人体需要摄取某些必需的脂肪酸，因为它们对身体很重要，但身体无法自主生产它们。我们尤其需要在饮食中有一个更有益的比例，即促炎的 ω-6 脂肪酸和抗炎的 ω-3 脂肪酸。因此，我们应该每天食用亚麻籽、核桃和油菜籽制成的植物油，同时避免食用向日葵、玉米和蓟制成的油。来自工厂化农场的肉类应该被来自饲养的适宜品种的优质肉类所取代，因为后者含有更有益的脂肪酸。

与此同时，许多研究尚未证实肉类、牛奶和黄油中的饱和脂肪会增加心脏病发作和脑卒中的风险。

“脂肪制造脂肪”的观念仍然深深扎根于消费者的心中，从整体上看，动物脂肪被认为是不健康的。其结果是，几十年不吃脂肪让我们变胖，因为避开了脂肪，淀粉和糖却让我们体重增加。

消除脂肪

喜欢吃脂肪的人不必担心体重增加。富含水分的食物可以降低脂肪的高能量密度。一顿饭含水越多,脂肪所携带的重量就越少。因此,在吃高脂肪的奶酪时,不应该把它放在干面包上,而应该放在蔬菜沙拉或炒菜(大量的水)中。

大量的脂肪和碳水化合物(羊角面包、奶油酱意面、油炸食品、甜点等)不仅是高热量的组合,而且也不利于保持身材,应尽量避免。

有不健康的脂肪吗?

有的,工厂制造的经过硬化的植物性脂肪是不健康的。几十年来,脂肪硬化技术一直用于人造黄油的生产,目的是将液态植物油转化为可涂抹的脂肪。这一过程产生的反式脂肪酸在健康方面,特别是在心脏健康方面,是非常值得怀疑的。如今,人造黄油工业使用了许多其他的生产方法,但加工食品中仍然经常使用硬化脂肪。应该避免食用硬化的脂肪。

能量密度是指每 3.5 盎司食物或膳食所含的能量(以千卡或千焦耳为单位)。能量密度低于 100 千卡/3.5 盎司的食物被认为是低能量密度食物。中等能量密度可达 225 千卡/3.5 盎司,大于 225 千卡/3.5 盎司即是高能量密度。

小贴士:不需要清淡饮食去改变油脂。避免食用葵花籽油、蓟、玉米油(以及由这些油制成的人造黄油),以下是替代品。

- 亚麻籽、油菜籽和核桃油(植物 ω-3 脂肪酸);
- 坚果,最好是核桃;
- 像三文鱼、鲱鱼、鲭鱼等富含脂肪的鱼类(动物 ω-3 脂肪酸);
- 草饲肉类(ω-3 和 ω-6 的合适比例);
- 含有天然脂肪,但不加糖的乳制品;
- 橄榄油;
- 可涂抹的黄油。

每一餐都应该包含优质脂肪。避免“糖脂炸弹”和硬化脂肪,以及其他含此类成分的食物。

4.4　饮料

就数量而言，水是人体最重要的组成部分，占体重的 50%~60%。身体的总水量随年龄、身体脂肪比例和体重而变化。

水在体内有重要的功能：

- 水保持体温；
- 我们体内所有的新陈代谢过程都在水环境中进行；
- 水运输养分，并起到溶剂的作用，包括氧气供应；
- 水对身体的活力和专注力至关重要；
- 水能促进消化；
- 水会影响血压。

应该喝多少水?

正常情况下，我们每天通过尿液、呼吸、皮肤、排汗和大便失去 78 盎司(1 盎司约为 28.41mL)的水分。天气暖和的时候，失水量增加到 111 盎司。在艰苦的体力劳动中，失水量会高达 223 盎司。

在正常情况下，人体在氧化过程中释放 10 盎司的水；通过富含水分的食物(蔬菜、水果)来摄入 34 盎司，总共是 44 盎司。如果我们再喝 34 盎司像水和茶这样的饮料，身体就已经达到了平衡(78 盎司)。用 17 盎司作为缓冲，所以建议每天喝 51 盎司的水(在正常情况下)。

脱水症状

1% → 感到口渴

4% → 乏力

5% → 心跳加快、抽筋

10% → 精神失常

15% → 死亡

当我们喝的水量不足时,我们的身体就得不到足够的氧气和营养。缺乏氧气会导致疲劳。毒素不会被排出体外,由于长时间的脱水,我们的血压会升高。

水是最重要的饮料。如今,只要不加糖,茶甚至咖啡都可以作为饮料。柠檬水、软饮料、牛奶和酒精饮料不再被认为是饮料。它们被认为是液体食物。

不推荐任何含糖饮料。血糖升高,会促进胰岛素分泌,进而有利于合成脂肪。这些甜饮料并不会让人感到满足,因为它们会快速通过我们的消化道,不会在胃里停留。相反,加糖饮料会让你感到饥饿,因为血糖水平就像过山车一样,而胰岛素导致的血糖曲线快速下降会让你感到饥饿。

软饮料和不加糖的果汁都含有大量果糖。虽然它在没有胰岛素的情况下代谢,但当它到达肝脏时,由于肝脏不能储存果糖,它必须进一步加工。当摄入大量果糖时,它会转化为脂肪并储存起来。这会导致脂肪肝和腹部脂肪增加。

在 20 世纪 90 年代,由于人们认为果糖是糖尿病患者的理想代糖,但实际上果糖使糖尿病患者的体重进一步增加,而今天我们知道食用果糖的严重后果。而非酒精性脂肪肝,以较高甘油三酯的形式损害脂肪代谢功能。这会促进尿酸和痛风的增加。

是否选择用人造甜味剂来替代含糖饮料?

科学家们在人工甜味剂的问题上仍存在分歧。在这里,理论和伪证理论经常轮流出现。例如,“人造甜味剂致癌”或“甜味剂使你增重”,只是其中的一部分。

可以肯定的是,人造甜味剂非常甜。经常饮用含有人造甜味剂的饮料或食物的人,他们的甜度阈值较高,这意味着他们需要的甜度保持在一个较高的水平。我们的目标应该是保持低甜度阈值,并使人的味蕾对甜味敏感。人造甜味剂通常是合成产品,必须由身体来解毒。这个要看个人选择,我希望在我的身体里放多少化学物质呢?

小贴士:没有水什么都不管用!建议每 1~2 小时喝 1 杯水。避免任何种类的甜饮料,放弃软饮料和含果糖的饮料。果汁和沙冰应该只是偶尔出现在菜单上!水果茶和花茶是一个不错的选择。

4.5　蔬菜和水果

蔬菜总是好的选择。它含有丰富的营养素，如维生素、矿物质和次生植物物质，为人体提供了一种奇妙的健康混合物。这些食物的高含水率使它们成为理想的重要食材。我们的胃很饱，这会激活食物饱足激素，但同时我们几乎不摄入任何卡路里。丰富的膳食纤维能保持血糖水平稳定，还对肠道功能有积极作用。

食物要多样化

“多补充水分”是我们的座右铭。每天吃 3 份蔬菜，可以使一顿正餐的能量密度保持在较低的水平。蔬菜的选择是基于季节性的供应，并应尽可能丰富多彩。一份蔬菜大约是一把；对生菜来说，是两把。可以大量食用蔬菜，必要时还可以加量。

研究表明，每天吃 3 份蔬菜和 2 份水果可以降低心脏病和脑卒中的风险，还可以预防结肠癌。

我们把水果限制在 2 份(1 把)。由于果糖对人体的负面影响，专家们甚至告诫不要过度食用水果。水果应该吃而不是喝。经常喝果汁和水果奶昔可能会食用过量。例如，早餐时鲜榨橙汁很容易就能含有 5 个橙子。但我们通常早餐会吃 5 个橙子吗？

奶昔最好选用少量水果加上蔬菜。

小贴士：每天吃 3 份蔬菜、沙拉、蘑菇和 2 份低糖水果，相当于每天吃 5 份。确保这些富含水分的食物尽可能多样化。蔬菜和水果可以降低食物的能量密度，让人吃饱。根据季节做出选择，新鲜或冷冻产品(无添加剂)为佳。

4.6 食谱

黑麦面包上的烟熏鲑鱼鱼片

做 4 份的量

- 9 盎司烟熏鲑鱼鱼片
- 2 根莳萝枝
- 1/4 束韭菜
- 2 茶匙辣根奶油
- 5 盎司奶油芝士
- 1~2 茶匙颗粒芥末酱
- 一点盐，现磨黑胡椒
- 1~2 茶匙柠檬汁
- 粗麦面包（黄瓜片作为低碳水化合物替代品）

制作方法

1. 将辣根奶油、奶油芝士和芥末酱混合，搅拌均匀。
2. 把韭菜洗净，空掉多余的水，切碎。添加到奶油芝士混合物中。
3. 将烟熏鲑鱼切成小块（取下骨头），加入奶油芝士混合物，小心地搅拌。
4. 加入黑胡椒和柠檬汁调味。根据个人的口味，可加一点盐。
5. 将奶油芝士混合物涂抹于粗麦面包上。黄瓜片是低碳水化合物的最佳替代品。

绿色奶昔

做 2 份的量

- 1/2 盎司菠菜叶子（新鲜或冰冻的），也可以用玛奇、芝麻菜、常规生菜
- 5 片薄荷叶
- 5 片罗勒叶
- 2 根欧芹
- 1 个去皮小香蕉
- 1 个苹果，带皮切成 4 块
- 3.5 盎司的橙汁
- 7 盎司水
- 1 茶匙菜籽油

制作方法

1. 将所有食材混合，放入搅拌机中搅拌，直到搅拌均匀。浓稠度根据设备的性能会有不同。
2. 根据个人口味可以改变配料，例如，水果少，香草多，生菜多。加一些坚果或杏仁。使用胡桃油等有香味的坚果油。

小贴士：做冰奶昔时，使用冷冻菠菜、冰水或冰块（如果有一个高性能的搅拌机）。

蒸粗麦粉蔬菜沙拉

做 4 道开胃菜或做 2 道主菜的量

- 1/3 杯即溶粗麦粉
- 3 盎司蔬菜汤、半份胡椒粉、辣椒粉适量
- 1 个罗马生菜或其他类型的散叶生菜
- 3 盎司樱桃番茄
- 1/4 根沙拉黄瓜
- 1/2 个鳄梨
- 1 根葱
- 2 根意大利欧芹
- 6 盎司费塔芝士
- 1 盎司番茄汁
- 1 茶匙柠檬汁
- 2 茶匙重橄榄油
- 盐和胡椒粉调味

制作方法

1. 把热蔬菜汤倒在即溶粗麦粉上，静置 10 分钟。
2. 将生菜、黄瓜和鳄梨切成小块；把樱桃番茄切成两半；葱切细；把所有这些食材混合在一起，放在一个碗里，小心地拌入冷却的即溶粗麦粉里。
3. 把欧芹切碎，加入混合物。
4. 将番茄汁、柠檬汁和油混合做成酱汁，倒入沙拉。
5. 加入胡椒粉、辣椒粉和盐调味。

泰国椰奶鸡

做 4 份的量

- 1/4 磅* 切成条状的鸡胸肉
- 2 茶匙菜籽油或坚果油(如芝麻油)
- 1/4 勺姜黄
- 1/4 勺孜然
- 2 撮香菜
- 1/4~1/2 勺盐
- 胡椒调味
- 2 根葱
- 5 盎司胡萝卜切片
- 7 盎司西葫芦切片
- 7 盎司茴香切成碎片
- 1~2 瓣大蒜

沙司

- 14 盎司椰奶罐头(400 克)
- 1 勺半辣椒酱
- 1 勺半盐
- 10 个樱桃番茄,每个切成 2 块
- 几个杧果块

注:印度香米可以作为配菜食用(每人约 5 盎司)。

制作方法

1. 将鸡肉放入油、姜黄、孜然、香菜和盐中腌至少 15 分钟。
2. 将腌制好的鸡肉放入菜籽油中煎成棕色，盖上锅盖，放入烤箱预热到 160℃。
3. 把蔬菜和大蒜用菜籽油在锅里炒一下,然后加入椰奶烧开。
4. 加入辣椒酱和盐调味。
5. 将鸡肉从烤箱中取出,加入蔬菜混合物。
6. 加入樱桃番茄和杧果块,加热,调味。

* 注:1 磅约为 0.4536kg。

第 5 章 动作的发生离不开筋膜

一些人可能会不恰当地认为,“筋膜”是最近伴随人类解剖学的兴起,才变得流行的一个词语,而事实并非如此。

“筋膜“被定义为一张或者一片纤维结缔组织,它包裹、分隔和联结肌肉、器官及身体其他组织。

关于筋膜,我们需要记住的一个重点是,筋膜是一种结缔组织,而结缔组织是组织大家族中的一员。所有筋膜都是结缔组织,但并不是所有结缔组织都是筋膜。

结缔组织有 4 种类型:

1. 固有结缔组织;
2. 血液;
3. 骨组织;
4. 软骨组织。

结缔组织有着很多令人惊讶的真相,其中之一就是,血液竟然属于结缔组织,而肌肉却不是。这些真相中,最重要的一个是,结缔组织大多是由无生命物质构成的,比如我们所熟知的细胞外间质或细胞外基质。实际上,细胞外间质远比它所包含的细胞重要得多,它使得所有活动和功能变得可行。

细胞外间质(ECM)就像是细胞的内部海洋一样。我们所有的细胞都需要一定的空间,这些空间被惰性液体所填充,使细胞维持在它们所应该在的位置,并保护它们免受伤害。细胞外间质包含了许多促使修复发生的物质,但它的关键职责是调节细胞行为和功能。不是所有的细胞外间质都一模一样, 它们各自有着不同的特点，这取决于不同细胞类型所生长的身体部位。举个例子，血液中有自己的ECM类型——血浆。正是血浆把红细胞和白细胞固定在一起，并把它们输送到身体各处。血液中55%以上的成分是血浆，和许多结缔组织一样，它是许多系统中被遗忘但至关重要的组成部分。

5.1 筋膜的类型

筋膜的分类并不像我们所想象或希望的那样简单。位于真皮层下方的组织层，是我们熟知的“浅筋膜(SF)”，尽管它大部分都是脂肪，但它仍旧起着筋膜层的作用。

无论身体中含有多少脂肪，它都需要一个由胶原纤维所构成的网来维持它所在的位置。这个纤维网使得力量、活动性、灵活度和动作变化各司其职，同时还为脂肪在不同位置的分布提供支持。

通常，表层筋膜可以像一件羊毛连身裤一样，可完整地与身体分离。这表明，表层筋膜是一个全身性器官，几乎遍布身体的各处。

即使有些人基本上没有什么脂肪组织，但胶原纤维网仍旧是存在的。它由一层

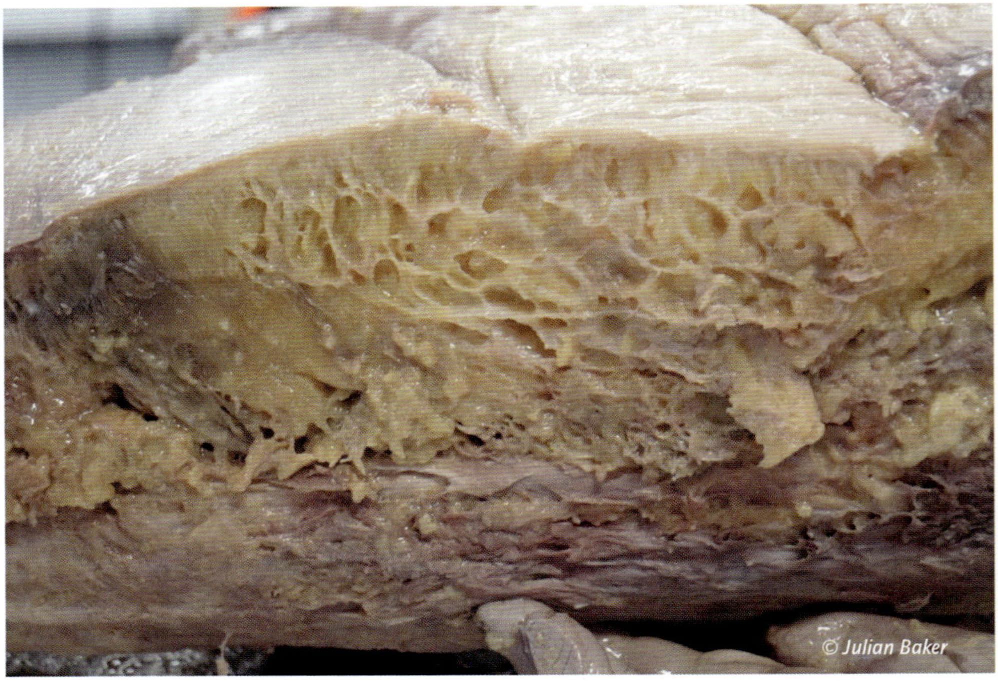

透明且滑腻的保护套附着在真皮层上，既可见又可触摸。当身体任何一个地方，捏住皮肤并往上提拉时，提起来的不仅仅是真皮层，还有表层筋膜。而这层位于真皮层和深层筋膜之间、滑腻且透明的东西就是用来固定和防止皮下结构滑脱的。

许多健身界人士在训练中都会对这层被我们称作“浅筋膜”的东西进行充分训练。“你能捏起来 1 英寸(约为 2.54cm)吗？”这是一个在过去几年之中，我们常用来暗示你或许增加了过多体重或正在变得松弛的说法。

而事实上，浅层筋膜在身体稳定中扮演了一个重要角色，它还是一些有趣物质的发源地，尤其是一种被称作“瘦素”的激素。

“瘦素”是一种调节人体肥胖细胞的激素，它与食欲相关联。当我们进食的时候，我们会饱，这种饱腹感就是由瘦素控制的。肥胖时，瘦素降低，饱腹感也不易出现。人类之所以成为幸存成功物种，原因之一是可以将摄入能量储存起来。这对灾年的不时之需是很理想的方式，但对如今 24 小时都有快餐的时代，则不太妙了！

薄筋膜

尽管浅筋膜和深筋膜是不一样的，但它们并未完全地分离开。相反，二者的顶层结构是相互滑动的，但又保持在各自的位置上。这一滑动的交界面至今还未有恰当的定义，但已经被来自美国的解剖学家吉尔·海德利称作“薄筋膜”。

薄筋膜覆盖着深层筋膜，极可能被归类为疏松性结缔组织。尽管这种组织的细胞成分尚不明确，但已经有研究开始定义它的组成成分了，因此也将使得对其的理解更为清晰。

深筋膜

被我们称为“深筋膜”的结缔组织有着与众不同的外观，但从根本上讲，它依然是一种结缔组织的形式。所有的筋膜，其大部分成分都是胶原蛋白，这是人身体中较为常见的一种蛋白质。在我们生活中的每一天，人体都会产生胶原蛋白，用它去修复结缔组织，也用它去建立起一个系统与另一个系统之间的连接。

大自然不喜欢直线，这一点使得人类努力地通过层层叠叠堆砌的方式，建立坚固、稳定的结构，就像搭积木一样。在自然界中，几乎每样事物，从宏大的到微小的，都是曲线状的。曲线结构不仅能削减张力，还能分散和传导张力。

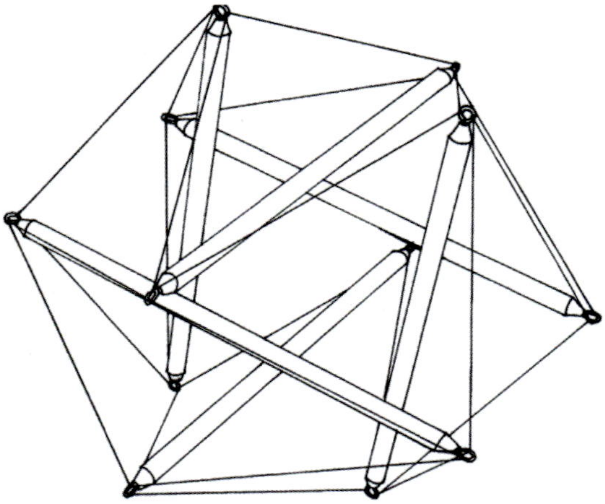

图画由鲍勃·波卡特绘制。

即使是如树木般庞大而稳固的结构，也是由各种曲线结构构成的。这些曲线结构使得树木能在大风和不断变化的环境中摇晃摆动。人体结构亦是如此。胶原蛋白是一个三维螺旋状结构，而非由直线构成，于是就形成了各个不同方向的筋膜，一层一层，促使许多不同方向的动作的发生。

它的适应性也很强，如果运动和负载足够频繁的话，它会在一个新的应变区域聚集更多的纤维。当外伤引起的炎症作为系统信号产生更多细胞时，胶原蛋白纤维亦担负起了修复受损组织的职责。

并不是所有的胶原蛋白纤维在密度、方向和构成上都是一样的，它们大多取决于个体的(各自的)功能。

有一个能理解人体构造过程中负荷机制的原理，由史蒂文·乐温普及，被称作“生物张拉整体”。这个原理起源于雕塑家肯尼思·斯奈尔森的著名作品。在斯纳尔森设计的结构中，硬块看起来像是在流动，但实际上它们被与之相连的绳子所牵拉，以均衡的张力固定住。

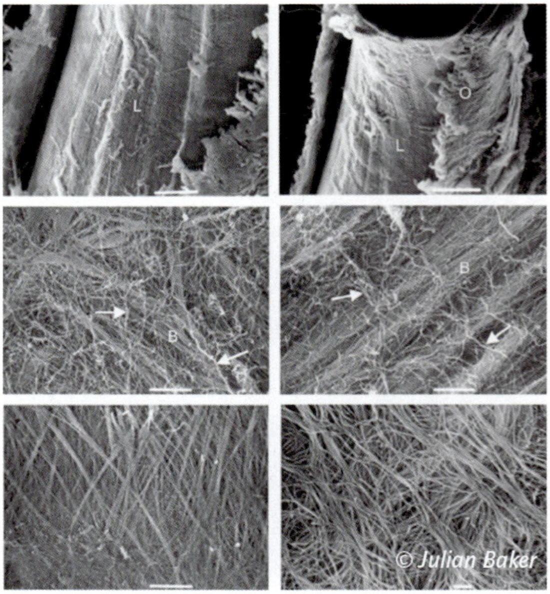

同样的道理，这也表明了人身体上的骨头，也是徜徉在结缔组织张力的“海洋”之中，由肌肉来带动，由皮肤来保持其位置所在。

胶原蛋白的沉积是不能选择的，它由我们给出的指令进行沉积。那个在肌肉纤维中毛茸茸的、蛛网膜状结构，是为满足正常功能需求而自然产生的胶原纤维。

在活体之中，这些纤维都将是湿滑的，它们会为肌肉形成框架，使得肌肉能够围绕骨骼活动，并促使传导的发生。

肌肉是动作发生的动力，没有肌肉，抬手和抬腿的能力将会受限。但若没有筋膜，这将彻底变成“不可能”。

因为筋膜系统是连续不断的，肌肉会被骨骼隔断，但筋膜不会。相反，它还会跨越不同的平面，从不同方向上使人们感受到一个连续的、贯穿全身的张力网。

在某些区域，结缔组织因长得茂密而规则，被归为一类。我们所看见的深筋膜层，就是由众多穿行在各个方向上的纤维所构成的。

每块肌肉都被多方向的筋膜包围着，而且每条筋膜纤维都贯穿每片筋膜和每条肌肉纤维。肌肉的完整性完全依赖于周围将其固定在适当位置的筋膜。

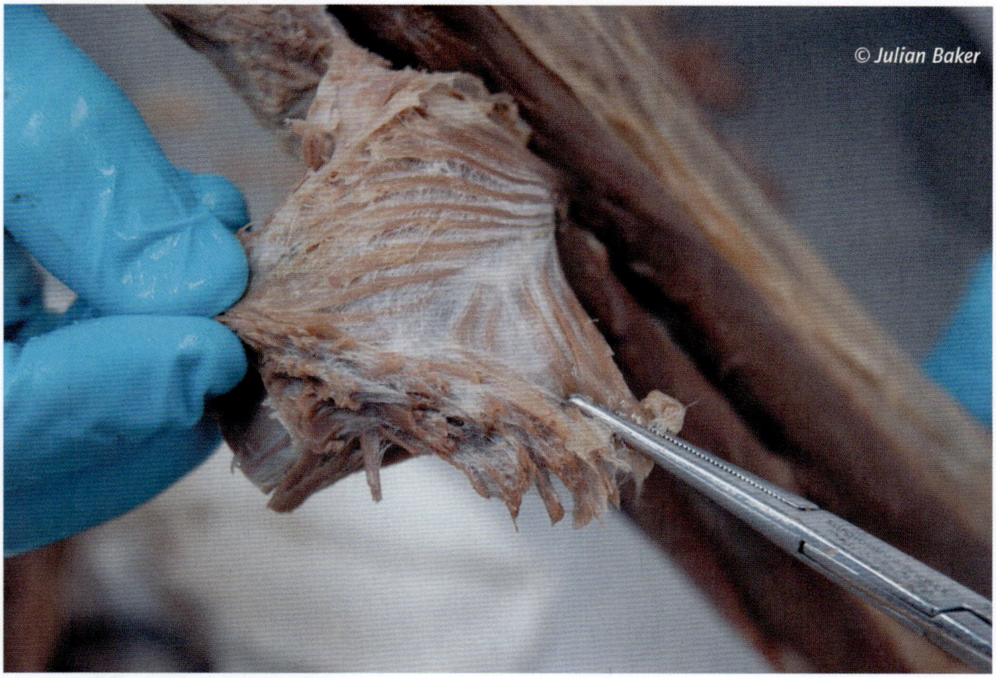

如果筋膜促使肌肉动作发生，那么它同样有能力对动作缺失做出反应。正如我们已经讨论过的，所有结缔组织的关键原料是以 ECM 形式存在的润滑液。在这种液体环境中，生活着产生胶原蛋白的细胞，即成纤维细胞。这些细胞对传递过来的消息做出响应，以满足所需。

动作、压力、负载及冲突（摩擦）是维持 ECM 环境的所有要素。如果没有运动，很可能会导致僵硬，从而导致液体流动不足，这是很多人在某些阶段或其他特殊阶段所经历的，但若放任不管，就会变得更糟糕。

一个极端的例子就是，阿玛尔·帕拉提，他是一位苦行者，在 40 年前决定举起自己的右手，放到头上再也不放下。

年复一年，起初的疼痛逐渐变成了麻木。肌肉组织和关节周边的胶原纤维很可能已经变得纤维化和十分坚硬。将手臂抬起将不再是一种努力，因为纤维已将手臂固定在那个位置了。

他身体的其他部分运作正常。我们可以看到，他蹲在地上向我们展示其髋、膝、踝良好的灵活度。这是一个较完美的例子，向大家展示持续的动作如何导致持续的活动能力，以及禁止活动如何导致僵硬。

组织之间的活动总是比我们想象的要局限。一块肌肉是通过围绕在其周围的筋膜来将它牢牢固定住的。其他因素也起了作用。举个例子，一只手臂包括了从颈部延伸至手腕的神经。这些神经路径均被限定于一个被严格控制的环境中，它们没有能力也没有必要去向周边诸多方向运动。如果这些神经的运动方向超出了其活动边界，其后果将是灾难性的。

相似的是，肌肉沿相对有限的运动平面上滑动，同样由薄筋膜和神经路径将其牢牢固定。人类对运动的需求不需要依赖一个极端模式。

近几年来，筋膜治疗与伸展吸引了大量来自健康和健身行业的关注度，随之而来的还有数不清的“解决方案”，来释放紧张、不健康的、有结节的甚至是扭曲的筋膜——这个名单太庞大了。发生这种情况的可能性是，在那一刻所有的活动、伸展、治疗并没有涉及筋膜产生作用，但是随着时间的推移却对健康状况产生有益的影响。

筋膜不能达到像跳高运动员所能达到的那种拉伸。为了拉长这些筋膜组织，持续的压力和大量时间是必须的。但是压力很可能会比我们所设想的要少，因为即使是较轻柔的动作，长时间持续的张力也会产生如上述的机械传导作用。

人们通常认为伸展是由于功能所需，筋膜伸展的发生也是深层静态动作的一部分。目前，有证据显示，事实上，当伸展辅助普通的功能性动作时，按常理来说，伸展完全是不必要的。在很多例子中，当慢性疼痛发生时，解决建议是，完全地停止拉伸，以使功能得以恢复。

筋膜是不能被释放的。首先它可能不需要被释放，因为不论是何种诱因导致的疼痛，都不会单单来自筋膜。由于筋膜里遍布着神经末梢和触觉接收器，疼痛像动作一样是全身性的。

筋膜是需要保养的。日常性、多样式的适度伸拉有助于我们将筋膜的健康和柔韧度保持到老年阶段。而对筋膜损伤最大的是长时间静止不动。

“治疗”是另一个极少有或者根本没有达成一致的话题。筋膜研究者们尝试从大压力促使变化发生这一方面去说明，但实际上，最新出现迹象表明较少的压力往往会促成一个较好结果的生成。

筋膜的科学仍然是新兴的，在我们建立起毫无疑问的筋膜变化的行为和模式之前，还有很多工作要做。

而结论就是，环绕着、滋润着我们体内组织的水样的细胞外间质，只有通过运动才能得以流动起来。任何运动，只要有效，就要坚持做下去。

参考文献

Bruhn, S. & Gollhofer, A. (2001). Neurophysiologische grundlagen der propriozeption und sensomotorik. *Med. Orth. Techn.*, 121, 66–71.

Deshpande, P.Y. & Patanjali. 2010. *Die Wurzeln des Yoga.* O.W. Barth Publishing.

Seven Countries Study. Available at www.sevencountriesstudy.com.

Swami Satyananda Saraswati. 2002. *Asana, Pranayama, Mudra and Bandha.* Yoga Publications Trust, Mungher Bihar Publisher, India.

Sivananda Yoga Centres. Yoga. GU Press.

Yogi Bhajan. 2009. *The Aquarian Teacher.* KRI Publisher.